4 bis 9 Jahre

Gabriela Rosenwald

Der

Jahreszeitentisch

Die Natur im Wechsel der Jahreszeiten

Gestalten, basteln und arrangieren im Jahreslauf

Lernen mit Erfolg
KOHL VERLAG
www.kohlverlag.de

Lernwerkstatt „Der Jahreszeitentisch“

Die Natur im Wechsel der Jahreszeiten

11. Auflage 2024

Inhalt & Illustrationen: Gabriela Rosenwald
Fotos: Claudia Rosenwald & Gabriela Rosenwald
Coverbilder (ganz rechts): © GoodMood Photo - fotolia.com
Redaktion: Kohl-Verlag
Grafik & Satz: Kohl-Verlag
Druck: farbo prepress GmbH, Köln

Bestell-Nr. 11 505

ISBN: 978-3-95513-830-1

Der vorliegende Band ist eine Print-Einzellizenz

Sie wollen unsere Kopiervorlagen auch digital nutzen? Kein Problem – fast das gesamte KOHL-Sortiment ist auch sofort als PDF-Download erhältlich! Wir haben verschiedene Lizenzmodelle zur Auswahl:

	Print-Version	PDF-Einzellizenz	PDF-Schullizenz	Kombipaket Print & PDF-Einzellizenz	Kombipaket Print & PDF-Schullizenz
Unbefristete Nutzung der Materialien	x	x	x	x	x
Vervielfältigung, Weitergabe und Einsatz der Materialien im eigenen Unterricht	x	x	x	x	x
Nutzung der Materialien durch alle Lehrkräfte des Kollegiums an der lizensierten Schule			x		x
Einstellen des Materials im Intranet oder Schulserver der Institution			x		x

Die erweiterten Lizenzmodelle zu diesem Titel sind jederzeit im Online-Shop unter www.kohlverlag.de erhältlich.

Inhalt

Inhalt

Der Jahreszeitentisch
Die Natur im Wechsel der Jahreszeiten – Bestell-Nr. 11 505
KOHL VERLAG

Vorwort

Liebe Kolleginnen und Kollegen,

man muss nicht unbedingt ein Anhänger Rudolf Steiners und der Waldorfpädagogik sein, um nicht doch einige Ideen als gut und sinnvoll zu betrachten.

Einer dieser Gedanken ist der Jahreszeitentisch. Wir lehren und erzählen über die Natur, die Tiere, die Pflanzen, das Wetter ... Doch gerade für Kinder ist Anschauen und (Be)greifen sehr wichtig. Ein Jahreszeitentisch bringt ein Stück Natur in unser Leben – nicht nur für Kinder. Der Jahreszeitentisch erinnert uns in besonderer Weise jeden Tag aufs Neue daran.

Kinder nehmen im Alltag meist ganz unbewusst die Veränderungen im Jahreslauf wahr. Doch es gibt trotzdem viele Dinge, auf die wir sie aufmerksam machen können. Niemand kann sich so sehr an all den kleinen und großen Wundern in der Natur erfreuen wie Kinder. Das sollten wir ihnen erhalten. Mit der Zeit werden für sie die Geschehnisse der Natur und der Rhythmus der Jahreszeiten immer begreifbarer.

Aber nicht nur die Geschehnisse der Natur sind anschaulich auf dem Jahreszeitentisch zu entdecken, auch die Jahresfeste finden hier ihren Platz. Das Erleben des Jahreslaufes mit seinen immer wiederkehrenden Ereignissen und Festen gibt den Kindern Sicherheit.

Auf dem Jahreszeitentisch finden sich König Winter, Mutter Erde, die Blumenkinder, Eicheln, Kastanien und vieles mehr, selbst gebastelt, gesammelt und liebevoll zusammengestellt.

Anleitungen zum Basteln der Figuren, Anregungen zum Arrangieren auf Tisch, Regal oder Fensterbank will dieses Heft Ihnen bieten, dazu natürlich auch einige „theoretische" Hintergründe.

Zu jedem Monat gibt es eine Seite mit Vorschlägen zur Gestaltung. Gleich dahinter finden Sie die Bastelanleitungen für die Kinder. Alle Figuren lassen sich auch noch schöner und aufwändiger herstellen, doch mir war daran gelegen, dass auch jüngere Schüler an der Gestaltung mitarbeiten können. Für Interessierte empfehle ich das Buch „Jahreszeitentische". Es ist beim Verlag Freies Geistesleben erschienen.

Viel Freude und Erfolg beim Einsatz der vorliegenden Kopiervorlagen wünschen Ihnen der Kohl-Verlag und

Gabriela Rosenwald

Die 12 Monate

Ein griechisches Märchen

Es war einmal eine Mutter mit vielen Kindern. Die Mutter war arm. Die Kinder waren arm. Eines Tages ging die Mutter in den Wald um Holz zu suchen. Auf dem Weg begegneten ihr 12 Jünglinge. Das waren die 12 Monate.

Die 12 Monate grüßten die Mutter. Sie fragten : „Welcher von den 12 Monaten ist der schönste?“ Die Mutter dachte eine Weile nach. Dann sagt sie:

„Jeder Monat ist schön!

Im Januar liegt der weiße Schnee.
Im Februar kommt der lustige Fasching.
Im März sprießen die ersten Veilchen.
Im April blüht der Apfelbaum.
Im Mai duftet der Flieder.
Im Juni geht‘s ins Heu.
Im Juli werden die Kirschen rot.
Im August wird der Weizen gelb.
Im September reifen die Äpfel am Baum.
Oktober macht die Trauben süß.
November webt alles in weißen Nebel ein.
Dezember bringt das liebe Weihnachtsfest.

Alle Monate sind schön!“

Als die 12 Monate das hörten, freuten sie sich. Sie sagten zur Mutter: „Gib uns dein Kopftuch!“ Die 12 Monate füllten das Kopftuch und gaben es der Mutter zurück. Die Mutter bedankte sich und ging nach Hause.

Zu Hause machte sie das Kopftuch auf. Sie schüttete das Geschenk der 12 Monate auf den Tisch: Viele, viele Goldstücke waren das. Nun hatte alle Not ein Ende.

Der Jahreszeitentisch
Die Natur im Wechsel der Jahreszeiten – Bestell-Nr. 11 505
KOHL VERLAG

I. Es war eine Mutter, die hatte 4 Kinder ...

Der Frühling bringt Blumen,
der Sommer den Klee,
der Herbst, der bringt Trauben,
der Winter den Schnee.

Der Jahreszeitentisch
Die Natur im Wechsel der Jahreszeiten – Bestell-Nr. 11 505
KOHL VERLAG

II. Standplatz & Grundausstattung

Der Standplatz

Ein kleines Tischchen ist ein guter Platz dafür. Aber es eignen sich auch die Fensterbank oder ein Regal. Bedeckt wird der Platz mit einem Tuch aus farbiger Seide oder Baumwolle. Wenn das Tuch groß ist, lassen sich Falten als Landschaft legen. Eine knorrige Wurzel oder anderes schönes Stück Holz sowie ein bemooster Stein wirken sehr natürlich. Ein farblich passendes Tuch im Hintergrund vervollständigt die Kulisse. Man kann noch einen Zweig der Korkenzieherhasel darüber aufhängen. Daran lassen sich sowohl im Winter die Schneeflöckchen als im Frühling die Bienen, im Sommer Elfen und im Herbst Bucheckernkinder befestigen. Die Kinder gestalten den Jahreszeitentisch fleißig mit. Sie bereichern die Dekoration mit kleinen Mitbringseln, seien es nun bunte Blätter, Schneckenhäuschen, Kastanien, Eicheln oder Blumen.

- Überlegen Sie, wo Sie den Jahreszeitentisch aufstellen können. Schön ist es, den Platz so zu wählen, dass die Kinder gut an ihn herankommen können
- Falls Sie verschiedene Ebenen haben möchten, können Sie Kissen, Bücher oder Pappkartons zur „Unterfütterung" benutzen.
- Der Jahreszeitentisch muss gepflegt werden. Verwelkte Blumen werden entfernt, die Tücher regelmäßig ausgeschüttelt.

Die Grundausstattung

Ein Jahreszeitentisch muss nicht perfekt sein. Er wächst und lebt mit seinen Betrachtern. Es kommt laufend etwas Neues hinzu, und manches verschwindet dafür.
Für den Anfang genügen ein paar farbige Tücher, ein Stück Holz oder Wurzel und ein Zweig, der über dem Tisch, Regal oder am Fenster hängt. Mutter Erde, Mütterchen Tau und König Winter sind die Hauptfiguren.
Das Jahr beginnt im Januar, trotzdem macht es Sinn, mit dem Vorhaben „Jahreszeitentisch" im Spätsommer oder Frühherbst zu starten. Erstens beginnt dann das neue Schuljahr, und zudem ist die Natur im Herbst besonders freigiebig.

Sammeln Sie Materialien, mit denen Sie den Jahreszeitentisch gestalten möchten.
Besonders schön sind Naturmaterialien, die Sie zusammen mit Ihren Schülern im Wald und auf dem Feld finden können. Es gibt Kastanien, deren Schalen, Eicheln, Zapfen, bunte Blätter, Schneckenhäuschen und vieles mehr.
Die hier gezeigten Bilder und Anleitungen sind nur Vorschläge, lassen Sie Ihrer Kreativität (und der Ihrer Schüler) freien Lauf!

Der Jahreszeitentisch
Die Natur im Wechsel der Jahreszeiten – Bestell-Nr. 11 505
KOHL VERLAG

Überblick über die Figuren

Die drei wichtigsten Figuren auf dem Jahreszeitentisch sind König Winter, Mütterchen Tau und Mutter Erde (siehe Bilder).

Diese drei sind ein wenig zu schwierig zu basteln für Kinder. Also sollten Sie sie selbst herstellen oder kaufen. Für alle Figuren gibt es Anleitungen.

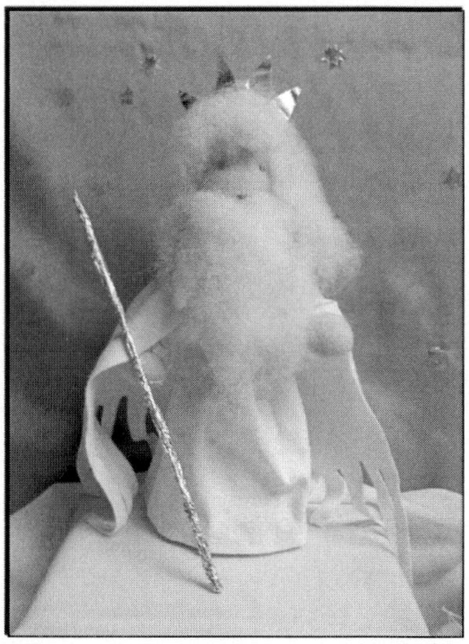

Januar

König Winter, Schneeflöckchen, Schneemänner

Februar

Mütterchen Tau, Wurzelkinder

März

Frühlingsfee, Wurzelkinder, Blumenkinder, Mutter Erde

April

Häschen, Osternest

Mai

Bienen, Bienenkorb, Pfingsttaube

Juni, Juli, August

Elfenmobile, Schmetterlinge

September

Kürbiskinder, Mutter Erde mit Körben, Katanien-Drachen

Oktober

Pilze, Bucheckern-Kinder

November

Zwerge

Dezember

Maria und Josef, Jesuskind, Schäfchen, Engel, Hirten

IV. Nählehrgang für Anfänger-Kinder

So einfach machst du einen Knoten:

Wickle den Faden um deinen Zeigefinger, rolle ihn mit dem Daumen mehrmals auf und ab, streife dann die Schlaufe von deinem Finger und ziehe sie am Ende des Fadens fest zusammen.

Kräuseln:

Für Röckchen, Schürzen und Halskrausen, Blütenblätter, Halsausschnitte von z.B. Kürbiskindern oder Schneeflöckchen muss man kräuseln. So geht es:

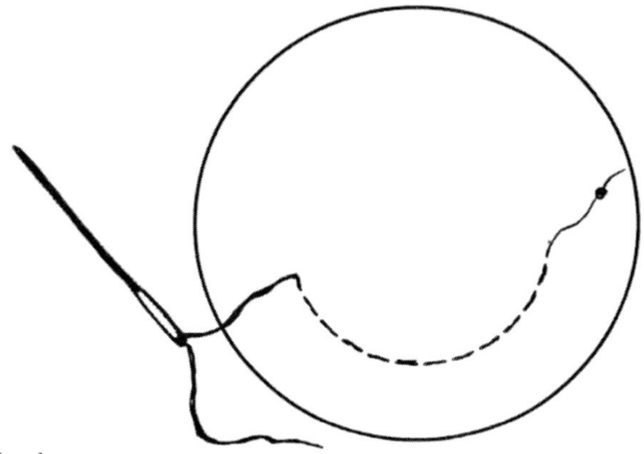

- Mache einen Knoten in den Faden.
- Fädele ihn in die Nadel ein.
- Mache dann am Rande deines Stoffes einfache Stiche, hoch und runter. Schön, wenn sie gleichmäßig sind!
- Wenn du die Runde beendet hast, ziehst du den Faden passend straff an und verknotest ihn mit dem Anfang.

Eine haltbare Naht

- Schneide einen Zwirnfaden von ca. 30 – 35 cm ab. Mache an das eine Ende einen dicken Knoten, damit der Faden nicht durch das Nadelöhr heraus rutscht. Fädel ihn in deine Nadel ein.
- Mit einem einfachen Vorstich (rauf und runter) nähst du jetzt die zusammengesteckten Seiten zusammen. Versuche, die Stiche nicht zu groß, gerade und gleichmäßig zu machen!

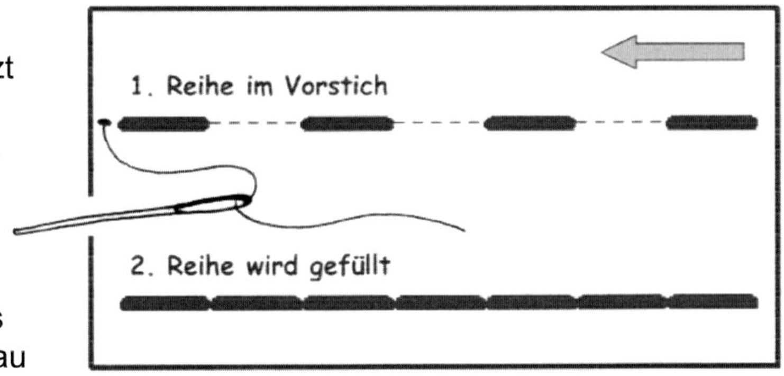

- Wenn du am Ende des Filzes bist, drehe um und nähe genau andersrum!
- Verknote den Faden mit dem Anfangsfaden und schneide etwa 1 cm nach dem Knoten ab.

Der Jahreszeitentisch
Die Natur im Wechsel der Jahreszeiten – Bestell-Nr. 11 505
KOHL VERLAG

Der Jahreszeitentisch im Januar – Wintermonat

Wintergedicht

Titel: Altes Kaminstück

Heinrich Heine (1797-1856)

Draußen ziehen weiße Flocken
Durch die Nacht, der Sturm ist laut;
Hier im Stübchen ist es trocken,
Warm und einsam, stillvertraut.

Sinnend sitz ich auf dem Sessel,
An dem knisternden Kamin,
Kochend summt der Wasserkessel
Längst verklungne Melodien.

Und ein Kätzchen sitzt daneben,
Wärmt die Pfötchen an der Glut;
Und die Flammen schweben,
weben,
Wundersam wird mir zu Mut.

Bildrechte: © Claudia Zähringer

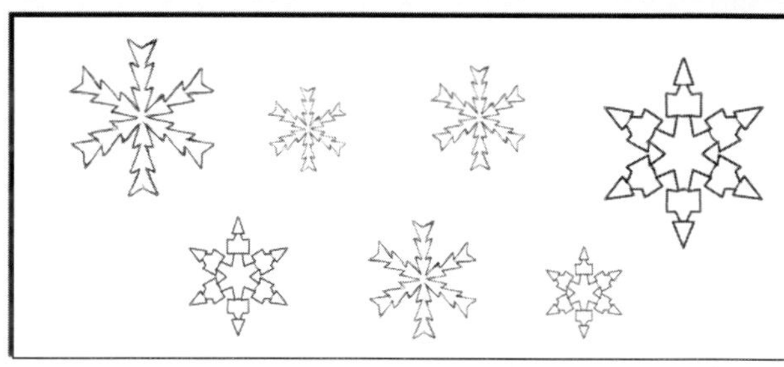

Im Januar beginnt das neue Jahr. Die Weihnachtszeit klingt langsam aus. Maria, Josef und das Jesuskind empfangen noch die heiligen drei Könige. Anschließend kehrt endgültig der Winter auf dem Jahreszeitentisch ein.
Ein weißes Tuch bedeckt den Tisch. Einen winterlichen Thron für den König Winter lässt sich mit ein paar verschieden großen Büchern oder Pappkartons stufenförmig erstellen. Mit einer Lage Watte lässt sich Schnee sehr schön darstellen. Den Hintergrund bildet ein hellblaues Tuch. Am Haselzweig hängen Schneeflöckchen, vielleicht auch einige Eiszapfen aus Glas. Ein paar besonders schöne Steine (jedes Kind kann einen Stein mitbringen), Kristalle oder Zapfen (vielleicht weiß eingesprüht) ergänzen das Bild.

Das passt zum Jahreszeitentisch – Übersicht:

Tücher Untergrund	weiß, evtl. Bücher oder Pappkartons für verschiedene Ebenen
Tücher Hintergrund	dunkelblau (vielleicht mit goldenen Sternen) später helblau
Figuren	König Winter, Schneeflöckchen, Schneemänner
Basteln Schüler	Schneeflöckchen, Schneemänner
Accessoires	Zapfen, Steine, Kristalle, evtl. Achatscheibe, Watte als Schnee

V. Winter zum Jahresanfang

Schneeflöckchen basteln

a) Schneeflöckchen aus Filz und Wolle

Ihr braucht:

- weißen Filzkreis Durchmesser ca. 9 cm
- Wattekugel, Durchmesser ca. 2 cm
- Nadel, weißen Zwirn
- Deckfarbe in hautfarben
- Füllwolle, evtl. etwas Reis
- Weiße Wolle oder Watte für die Haare
- Farbstifte in blau und rosa oder rot für Augen und Mund

So geht es:

- Am Rande des weißen Filzkreises einen Kräuselfaden einziehen, leicht anziehen.
- Das Säckchen fest mit Schafwolle füllen.
- Den Rand nach außen biegen und den Kräuselfaden fest verknoten.
- Das Gesicht auf die Wattekugel aufmalen.
- Die Wattekugel auf den Filzkörper kleben.
- Um das Gesicht Watte oder Wolle als Haare kleben.
- Faden durch die Haare ziehen zum Aufhängen.
- Wenn das Schneeflöckchen stehen soll, kann man unten in das Filzsäckchen ein wenig Reis oder kleine Steinchen einfüllen.

b) aus Watte und Wattekugeln

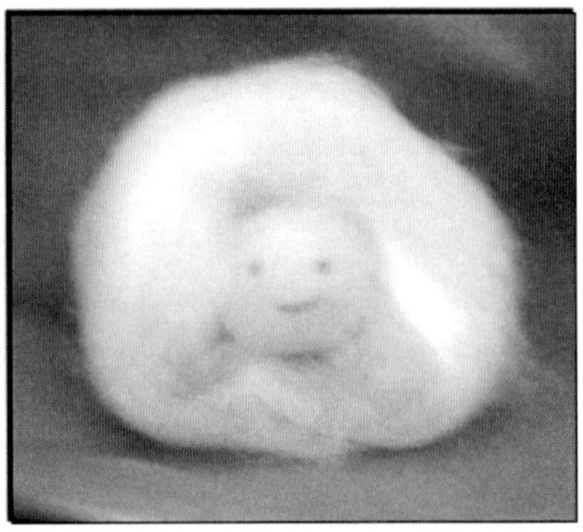

Ihr braucht für jedes Schneeflöckchen:

- weiße Watte
- eine Wattekugel, Durchmesser etwa 1-2 cm
- weißen Faden, Nadel, Klebstoff
- Stifte in blau für die Augen und rot oder rosa für den Mund

So geht es:

- Faden zum Aufhängen durch die Wattekugel ziehen
- Ein Gesichtchen aufmalen
- Die Kugel rings um das Gesicht mit Klebstoff einstreichen.
- Die weiße Watte um die Kugel kleben, Gesicht frei lassen.
- Watte ein wenig zurechtzupfen.

Der Jahreszeitentisch
Die Natur im Wechsel der Jahreszeiten – Bestell-Nr. 11 505
KOHL VERLAG

V. Winter zum Jahresanfang

Der Jahreszeitentisch im Februar – Faschingsmonat

Schneeglöckchen

Horst Rehmann

Mag der Februar auch frostig sein,
und hüllt mit Schnee die Landschaft ein,
so muss er sich doch eingestehen,
dass er in Kürze hat zu gehen.

Graue Wolken treibt die Sonne fort,
ein zartes Grün sprießt hier und dort,
und aus dem Frühjahrsbeet am Haus,
schau´n weiße Schneeglöckchen heraus.

Sie lassen sich durch gar nichts stören,
man meint sogar, man könnt sie hören,
und durch ihr zaghaftes Geläut´,
glaubt man, Frühlingsanfang ist schon heut'.

Anfang des Monats ändert sich wenig auf dem Jahreszeitentisch – schließlich ist ja immer noch Winter! Doch dann erscheint Mütterchen Tau und will den Winter vertreiben. Zur Faschingszeit kann sie Verstärkung vom Kasperle erhalten, der ebenfalls den Winter nicht mehr mag. Nach und nach erscheinen auch die Wurzelkinder. Ein Primelchen oder ein paar Schneeglöckchen halten zwar im warmen Zimmer nicht lange, sind aber doch ein Zeichen für den nahenden Frühling.
Die Bräuche zum Karneval haben ihren Ursprung in der Winteraustreibung, die schon vor vielen, vielen Jahren stattfand. Mit schrecklichen Kostümen und viel Krach und Radau vertrieben unsere Vorfahren die bösen Geister des Winters. Heute ist Karneval ein fröhliches Fest, was 7 Wochen vor Ostern gefeiert wird. Wer mag, setzt um Karneval ein Kasperle auf den Jahreszeitentisch.

Das passt zum Jahreszeitentisch – Übersicht:

Tücher Untergrund	Weiß, später beige, hellbraun oder braun
Tücher Hintergrund	Blau, später zartes Grün
Figuren	König Winter, Mütterchen Tau, Wurzelkinder, evtl. Kasperle
Basteln Schüler	Wurzelkinder
Accessoires	Zapfen, Steine, Moos, ...

V. Winter zum Jahresanfang

Die Wurzelkinder

a) Man kann die Wurzelkinder wie die Schneeflöckchen aus Filz basteln (siehe S. 10):

<u>Ihr braucht</u>:

- braunen Filz, etwa 15 – 17 cm Durchmesser
- Watte- oder Pappkugel, Durchmesser 3 – 4 cm
- Nadel und Zwirn, Filzstifte, Schere, Kleber
- Reis, kleine Steinchen o. ä. und Watte zum Füllen
- braune Wolle oder Märchenwolle für die Haare

b) Genähtes Wurzelkind

<u>Ihr braucht</u>:

- braunen Stoff, etwa 30 x 15 cm (es geht auch dünner, brauner Filz)
- hautfarbenes Puppentrikot, ca. 10 x 10 cm
- hautfarbenen Pfeifenputzerdraht, etwa 25 cm
- Füllwolle, etwas Reis oder kleine Steinchen, Wolle für die Haare
- Stifte braun und rot für Augen und Mund, Nadel und Faden

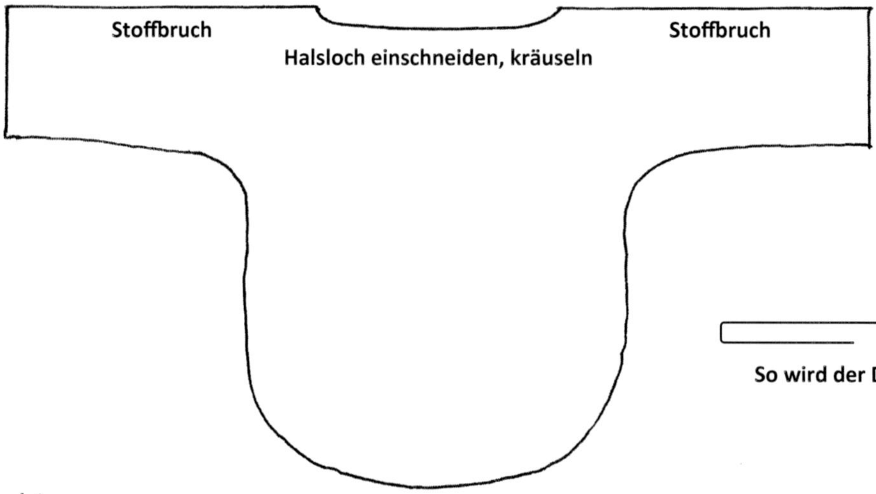

So wird der Draht gebogen.

<u>So geht es</u>:

- Stoff doppelt legen, nach Vorlage ausschneiden.
- Nähte schließen, Kleidchen wenden, mit Reis und Schafwolle locker füllen.
- Kräuselfaden am Hals durchziehen, Rest hängenlassen, damit wird das Köpfchen nachher angenäht.
- Puppenköpfchen herstellen: nehmt den Trikotstoff an den 4 Ecken und stopft ihn fest mit der Schafwolle. Es sollte eine runde Kugel werden!
- Dreht die Ecken ein wenig zusammen und bindet die Kugel zu. Das geht am besten, wenn ihr es zu zweit macht: einer hält die Ecken, einer macht den strammen Knoten.
- Köpfchen am Halsausschnitt festnähen oder kleben.
- Den Pfeifenputzerdraht biegen (s. oben) und durch das Kleidchen stecken, an den Ärmelenden festnähen.
- Nun noch die Haare aufkleben und das Gesichtchen malen, fertig!

VI. Frühling

Der Jahreszeitentisch im März – Frühlingsmonat

Frühling – Er ist‘s

Eduard Mörike (1804-1875)

Frühling lässt sein blaues Band
Wieder flattern durch die Lüfte;
Süße, wohl bekannte Düfte
Streifen ahnungsvoll das Land.
Veilchen träumen schon,
Wollen balde kommen.
Horch, von fern ein leiser Harfenton!
Frühling, ja du bist‘s!
Dich hab‘ ich vernommen!

Nun naht der Frühling! Wir bedecken den Jahreszeitentisch mit einer hellbraunen Decke, den Hintergrund ziert ein zartes, hellgrünes Tuch. König Winter ist verschwunden, Mütterchen Tau tritt in den Hintergrund. Auf einer Wurzel im Vordergrund sitzen die Wurzelkinder. Über dem Tisch (oder an der Wand dahinter) strahlt die Frühlingsfee. In gelbe, sonnige Stoffe gekleidet, wacht sie über dem Jahreszeitentisch. In einer kleinen Vase kann man Weidenkätzchen-Zweige aufstellen, auch ein paar Tulpen oder Narzissen passen gut.

Zum Frühlingsanfang (21. März) ist dann auch Mütterchen Tau verschwunden und überlässt ihren Platz Mutter Erde. Die trägt noch einen warmen Umhang oder Mantel. Nach und nach erscheinen die Blumenkinder. Über Nacht kann auf dem Tisch ein Wurzelkind verschwinden und stattdessen ein Frühlingsblumenkind erscheinen.

Das passt zum Jahreszeitentisch – Übersicht:

Tücher Untergrund	braunes oder hellgrünes Tuch
Tücher Hintergrund	zart grün oder gelb
Figuren	Frühlingsfee, Wurzelkinder, Blumenkinder, Mutter Erde,
Basteln Schüler	Blumenkinder
Accessoires	Weidenkätzchen, Wurzeln und Zweige, Frühlingsblumen

Blumenkinder basteln

a) Blumenkinder mit Holzkegeln

Ihr braucht pro Blumenkind:

- einen Holzkegel, 6 cm hoch
- grünen Filz für den Umhang, 4,5 x 10 cm
- bunte Filzreste für die Blütenblätter
- die Schablonen für die Blütenblätter
- Klebstoff, Schere, Filzstifte, um das Gesicht aufzumalen

So geht es:

- Schablonen für den Umhang und die Blütenblätter ausschneiden.
- Umhang aus grünem Filz ausschneiden.
- An einer langen Seite Kräuselfaden durchziehen und um den Hals verknoten.
- Eine Reihe Blütenblätter aus buntem Filz ausschneiden, dabei die Streifen nicht durchtrennen, es soll eine Reihe bleiben.
- Die einzelnen Blätter bis kurz vor der Linie einschneiden.
- Um den Kopf herum ankleben, dabei das Gesicht frei lassen.
- Mit Filzstift Augen und Mund zart aufmalen.
- Ähnlich wie die Blütenblätter kann man dem Blumenkind noch eine grüne Blattkrause um den Hals kleben.

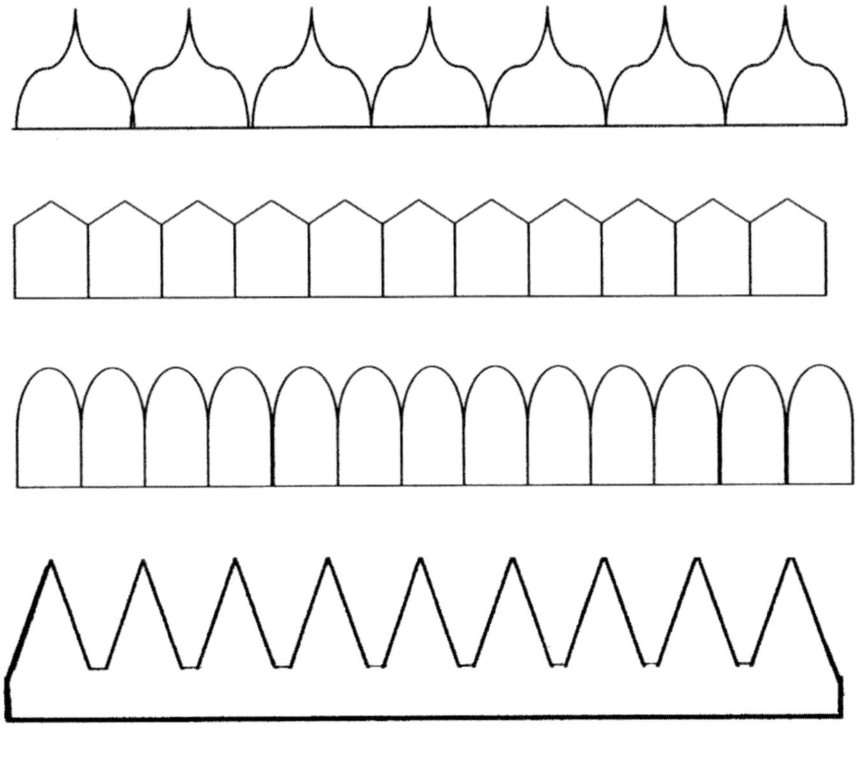

Der Jahreszeitentisch
Die Natur im Wechsel der Jahreszeiten – Bestell-Nr. 11 505

b) Blumenkinder aus Schafwolle

Ihr braucht pro Blumenkind:

- grünen Filz, ca. 6 x 10 cm
- bunten Filz für die Blüten
- ein Stück Puppentrikotstoff, etwa 6 x 6 cm
- Schafwolle zum Füllen
- Zauberwolle oder Watte für die Haare
- Stifte, um das Gesicht aufzumalen
- Nadel, Faden (Zwirn), Schere, Kleber

So geht es:

- Als Erstes wird das Köpfchen angefertigt. Dazu nehmt ihr den Trikotstoff an den 4 Ecken und stopft ihn fest mit der Schafwolle. Es sollte eine runde Kugel werden!
- Dreht die Ecken ein wenig zusammen und bindet mit dem Zwirn die Kugel zu. Das geht am besten, wenn ihr es zu zweit macht: einer hält die Ecken, einer macht den strammen Knoten.
- Nun müsst ihr das grüne Filzstück an der kurzen Seite (6 cm) zusammennähen.
- An einer Seite des Schlauchs zieht ihr nun einen langen Zwirnfaden durch.
- Dann steckt ihr das Köpfchen in die Öffnung und verknotet den Faden wieder gut.
- Die Naht sollte hinten am Blumenkind liegen. Dort kann der Faden auch mit dem Köpfchen vernäht werden.
- Nun stopft ihr das Blumenkind ebenfalls mit Schafwolle fest aus. Damit es gut steht, unten die überstehende Wolle gerade abschneiden.
- Nun erhält das Blumenkind aus den Schafwollresten ein paar Haare, die kannst du ankleben.
- Dann schneidet ihr die Blüten nach den Schablonen unten aus (oder gestaltet eigene) und klebt oder näht sie auf das Köpfchen.
- Zum Schluss bekommt auch dieses Blumenkind zart Augen und Mund aufgemalt.

Der Jahreszeitentisch
Die Natur im Wechsel der Jahreszeiten – Bestell-Nr. 11 505
KOHL VERLAG

VI. Frühling

Der Jahreszeitentisch im April – Ostermonat

April *Hermann Löns (1887)*

Laut flötet der Wind durch den Haselnussstrauch,
Schneeflocken durchwirbeln den Hain,
Bald Hagel, bald Regen und eisiger Hauch,
Bald lachendster Lenzsonnenschein.
Ich weiß ja, dass kurz dieser Sonnenblick dauert,
Dass Hagel und Regen und Schneefall schon lauert
Und Nordwinds erstarrendes Wehn,
Und dennoch mich freudige Hoffnung durchschauert,
Es ist ja so schön, ja so frühlingshaft schön.
Erfrieren auch die Veilchen, die gestern erblüht,
Verstummt auch der Fink in dem Wald –
So lieb ich, April dich, in meinem Gemüt
Ist's auch heute warm, morgen kalt.

Den Jahreszeitentisch bedeckt nun auch ein hellgrünes Tuch, der gelb-grüne Hintergrund bleibt. Mutter Erde und ihre Blumenkinder dominieren das Bild, die Wurzelkinder sind verschwunden. Ein Strauß Osterglocken stimmt auf das Osterfest ein! Einige Osterhasen bevölkern das Bild, aus Pompons sind sie leicht zu basteln. Auch ausgeblasene, bunt bemalte Eier lassen sich im Moos hübsch anordnen! Auch Osternester aus Weizen oder Kresse stimmen auf das Fest ein. Es ist für Kinder auch immer wieder faszinierend, wenn sie beobachten könne, wie Weizen oder Kresse wachsen.

Man braucht:

- eine flache Tonschale oder eine Obst- oder Gemüseverpackung
- etwas Blumenerde
- Samen (Kresse oder Weizen, je nach Keimzeit. Kresse keimt in wenigen Tagen, Weizen braucht schon eine Woche)

So geht es:

- Fülle deine Schale mit der Erde.
- Verteile den Samen dicht und gleichmäßig darauf.
- Vergiss nicht, dein Nest regelmäßig zu gießen!

Das passt zum Jahreszeitentisch – Übersicht:

Tücher Untergrund	hellgrüne Tücher, hübsch sind verschiedene Farbtöne
Tücher Hintergrund	gelb - zartgrün
Figuren	Blumenkinder, Mutter Erde, Frühlingsfee
Basteln Schüler	Osterhäschen, Ostereier
Accessoires	Moos, Wurzeln, Palmkätzchen und blühende Zweige, Ostereier, Osterglockenstrauß

Der Jahreszeitentisch
Die Natur im Wechsel der Jahreszeiten – Bestell-Nr. 11 505
KOHL VERLAG

VI. Frühling

Pomponhäschen

Bastelanleitung für Pomponhäschen

Ihr braucht:

- braune Wolle
- Filzreste in braun und rosa für die Ohren
- Pappe für die Schablonen, Pappreste für die Augen
- ein Wattekügelchen für den Schwanz
- Schere, dicke, stumpfe Nadel

So geht es:

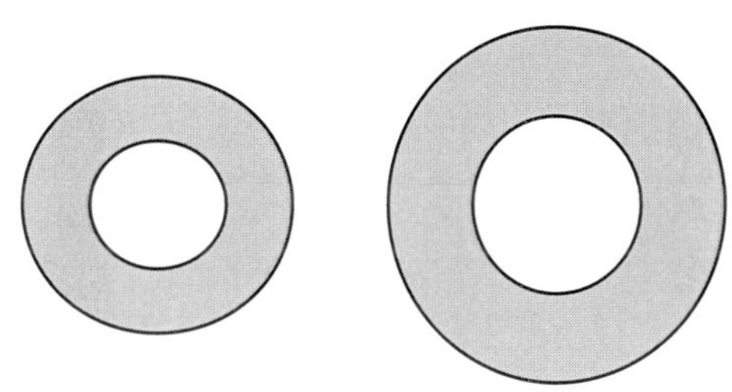

- Zeichnet die beiden Schablonen je zweimal auf die Pappe.
- Schneidet die Kreise aus, dann auch die inneren Kreise – ihr habt nun 4 Pappringe.
- Schneidet von der Wolle 4 bis 8 gleichlange Fäden ab (ca. 2 m pro Faden). Legt die beiden Papp-Ringe übereinander und wickelt die Fäden um den Rand herum.
- Haltet dabei mit der einen Hand die Wollenden fest. Wickelt die Wolle gleichmäßig um den Ring.

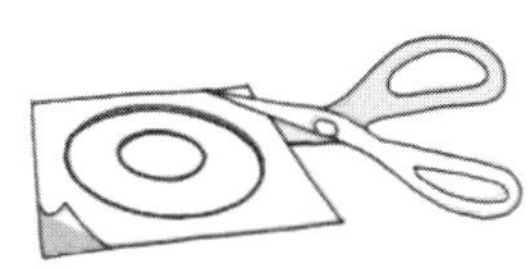

- Wenn der Pompon dicht und fest werden soll, dann zieht die Fäden straff an. Wenn die Fäden aufgebraucht sind, schneidet einfach neue ab und wickelt weiter.
- Wenn das Loch in der Mitte zu eng wird, verwendet weniger Fäden zum Wickeln. Die letzten Fäden könnt ihr mit der dicken Nadel durchziehen.

- Schneidet dann die Fäden am Rand durch bis ihr auf die Pappe stoßt.
- Führt jetzt einen doppelten Wollfaden zwischen den Pappen um den Pompon herum.
- Verschnürt den Faden mit einem festen Doppelknoten.

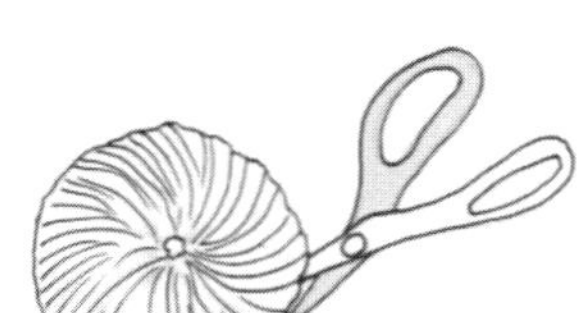

- Schneidet die Pappen durch, sodass ihr sie herausziehen könnt.
- Schneidet zum Schluss alle überstehenden Fäden ab.
- Lasst den langen Faden dran, damit werden die beiden Pompons nun fest zusammengeknotet.

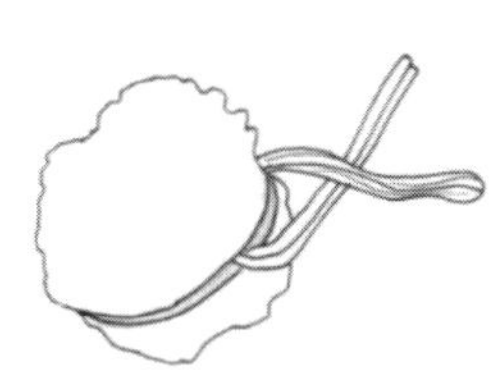

- Dreht ein Watteflöckchen fest zusammnen und klebt es als Schwanz an.
- Schneidet aus den Filzresten die Ohren aus – die braunen etwas größer als die rosa, und klebt sie tief zwischen den Wollfäden fest.

Der Jahreszeitentisch
Die Natur im Wechsel der Jahreszeiten – Bestell-Nr. 11 505
KOHL VERLAG

Der Jahreszeitentisch im Mai – Wonnemonat

Im Maien

August Heinrich Hoffmann von Fallersleben (1798-1874)

Im Maien, im Maien, da ist es so schön,
Da blüht es im Tal und da grünt's auf den Höh'n;
Es singen die Vögel in jubelnder Lust,
Was lebet, das ist sich des Lebens bewußt.

Im Maien, im Maien, o liebliche Zeit!
Der Frühling hat alles mit Blüten beschneit,
Er bringet die Hoffnung in jegliches Herz,
Er mehret die Freuden und lindert den Schmerz.

Im Maien, im Maien, o freu' dich, mein Herz!
Und steig' wie die Lerchen auch himmelwärts,
Dank' Gott so wie sie auch mit Jubelgetön:
Im Maien, im Maien, da ist es so schön!

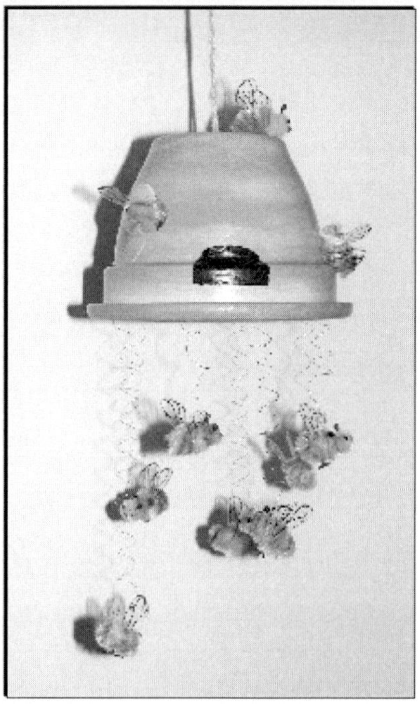

Zum hellgrünen Tuch auf dem Tisch drapieren wir nun ein gelbes als Hintergrund an der Wand. Der Frühling ist auf seinem Höhepunkt angelangt. Mutter Erde legt ihren Mantel ab. Die Frühlingsblumenkinder (Tulpe, Krokus, Osterglocke, Schneeglöckchen) sind verschwunden. Auch die Wurzel wird nun weggeräumt. Am Haselzweig hängen die Pfingsttäubchen. Sie sollen ein Symbol für den Frieden sein. Nach Pfingsten stellen wir den Bienenkorb auf. Die Bienen krabbeln auf dem Korb und dem Haselzweig herum.

Einen kleinen **Maibaum** zum Begrüßen des Wonnemonats kann man leicht selber basteln: Einen Kranz aus Buchs wird mit farbigen, breiten Bändern geschmückt. An die Bänder kann man Holzstreuteile (Blumen, Vögel, Schmetterlinge ...) kleben. Der Kranz hängt an einer Holzstange, die oben kreuzförmig eingeschnitten wurde. Die Stange steckt in einem Blumentopf mit Steinen und Sand. Der Sand wird feucht gehalten, damit der Maibaum stehen bleibt.

Das passt zum Jahreszeitentisch – Übersicht:

Tücher Untergrund	hellgrün
Tücher Hintergrund	gelb, darf auch nun kräftiger sein
Figuren	Mutter Erde, Bienen, Bienenkorb, Pfingsttauben
Basteln Schüler	Bienen, Pfingsttauben als Friedenssymbol
Accessoires	Haselzweig, Blumen, evtl. Maibaum oder Birkenzweige in einer Vase mit Wasser

Der Jahreszeitentisch
Die Natur im Wechsel der Jahreszeiten – Bestell-Nr. 11 505
KOHL VERLAG

VI. Frühling

Bienenkorb und Bienen

Ihr braucht:

- einen Tonblumentopf, Durchmesser ca. 10 cm
- weiße Farbe zum Grundieren
- dunkles Gelb und Ocker zum Anmalen
- schwarze Farbe für das Einflugsloch
- evtl. Schnur und eine dicke Holzperle zum Aufhängen

So geht es:

- Den Topf weiß grundieren.
- Nach dem Trocknen dunkles Gelb auftragen, in die nasse Farbe einige Streifen Ocker malen.
- Wieder trocknen lassen, schwarzes Flugloch aufmalen.
- Wenn der „Bienenstock“ aufgehängt werden soll, die Schnur mit der Holzperle verknoten und von innen durch das Loch im Blumentopf ziehen.

Man kann auch einen Blumentopf mit Klebstoff einstreichen und dann straff mit einer dicken Schnur umwickeln.

Die Bienen

Erlenzapfen-Bienen

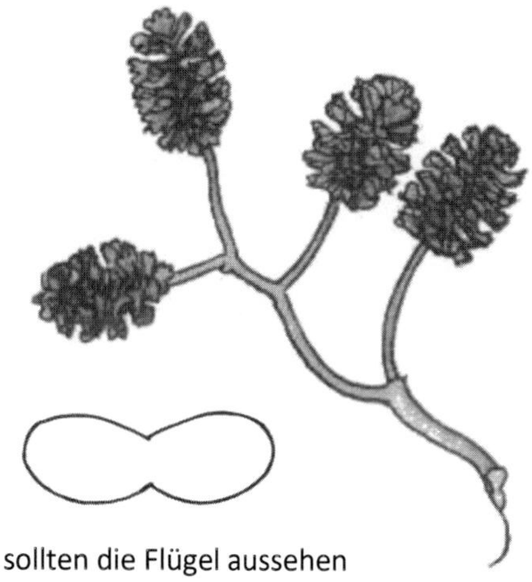

So sollten die Flügel aussehen

Ihr braucht:

- Erlenzapfen
- goldgelbe Wollfäden
- ein Stückchen Butterbrotpapier o.ä.
- dünnen Faden zum Aufhängen, Schere

So geht es:

- Knipst einen Zapfen vom Zweig ab, sodass ein kleiner Stiel stehen bleibt als vorderer Teil der Biene.
- Wickelt den Wollfaden um den Zapfen. Zieht ihn leicht in die Rillen, dann hält er gut.
- Flügel aus dünnem Papier ausschneiden und in der Mitte des Zapfens mit der Wolle befestigen.
- Flügel vorsichtig zurechtzupfen.
- Faden zum Aufhängen anbringen oder die Biene auf den Bienenstock kleben.

Man kann die Bienen auch aus gelbem und braunem Pfeifenputzerdraht basteln.

Der Jahreszeitentisch
Die Natur im Wechsel der Jahreszeiten – Bestell-Nr. 11 505
KOHL VERLAG

VI. Frühling

Die Pfingsttaube

Ihr braucht:

- weiße oder cremefarbene Pappe, hübsch ist auch eine Briefkarte
- die Schablone von der Taube
- helles, dünnes Papier, z. B. Transparent- oder Butterbrotpapier für die Flügel, DIN A5
- Faden zum Aufhängen
- Schere, Bleistift

So geht es:

- Taube *(siehe unten)* auf die Pappe zeichnen.
- Ausschneiden.
- Auge und Schnabel auf beiden Seiten aufmalen.
- Das Loch für den Faden zum Aufhängen markieren und durchbohren.
- Schlitz für die Flügel einschneiden.
- Papier für die Flügel in Ziehharmonika falten.
- Beginne an einer schmalen Seite.
- Jede Falte sollte etwa 1 cm breit sein.
- Das gefaltete Papier durch den Schlitz stecken.
- Die Flügel zu beiden Seiten auffalten und evtl. oben zusammenkleben.
- Faden zum Aufhängen durchziehen.

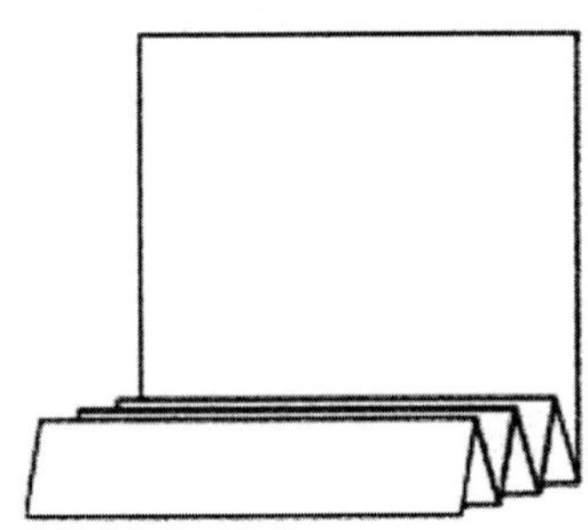

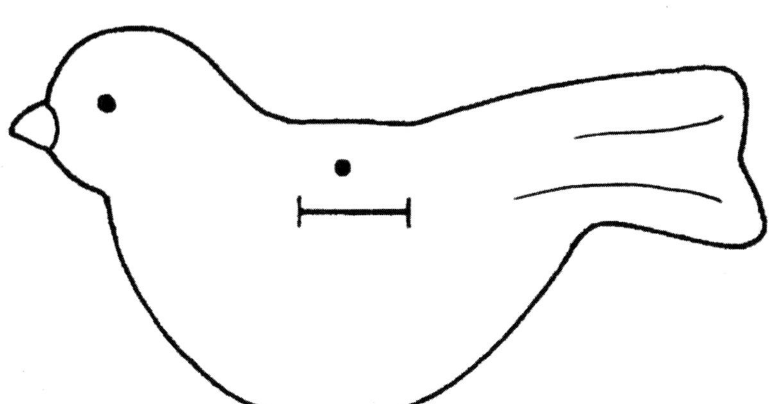

VII. Sommer

Der Jahreszeitentisch im Juni, Juli, August

Wie freu' ich mich der Sommerwonne!

August Heinrich Hoffmann von Fallersleben (1798-1874)

Wie freu' ich mich der Sommerwonne,
Des frischen Grüns in Feld und Wald,
Wenn`s lebt und webt im Glanz der Sonne
Und wenn`s von allen Zweigen schallt!

Ich möchte jedes Blümchen fragen:
Hast du nicht einen Gruß für mich?
Ich möchte jedem Vogel sagen:
Sing, Vöglein, sing und freue dich!

Der Jahreszeitentisch ist in diesen Monaten nicht so dominant. Alle Menschen sind oft draußen in der Natur. Am 21. Juni ist Sommersonnenwende, die Tage werden wieder kürzer. Nach der Sommersonnenwende, am 24. Juni, wird der Johannitag, der Geburtstag Johannes des Täufers gefeiert. Die Schwärme der Johanniskäfer (Glühwürmchen) entfalten ihre Leuchtkraft in der Zeit rund um die Johannisnacht. Johanniskraut, das zu dieser Zeit blüht, wurde gesammelt, zu einem Kranz gebunden oder ins Haus gehängt.

Auch Sonnenblumen dürfen im Sommer nicht fehlen. Man kann mit Transparentpapier viele verschiedene Sonnenblumenkinder ans Fenster kleben!

Das passt zum Jahreszeitentisch – Übersicht:

Tücher Untergrund	hellgrün, grün
Tücher Hintergrund	goldgelb
Figuren	---
Basteln Schüler	Elfenmobile, Schmetterlinge, Marienkäfer, Sonnenblumen
Accessoires	Muscheln, Strauß aus Gräsern oder Getreide, Blumen, vor allem Sonnenblumen

VII. Sommer

Elfenreigen-Mobile

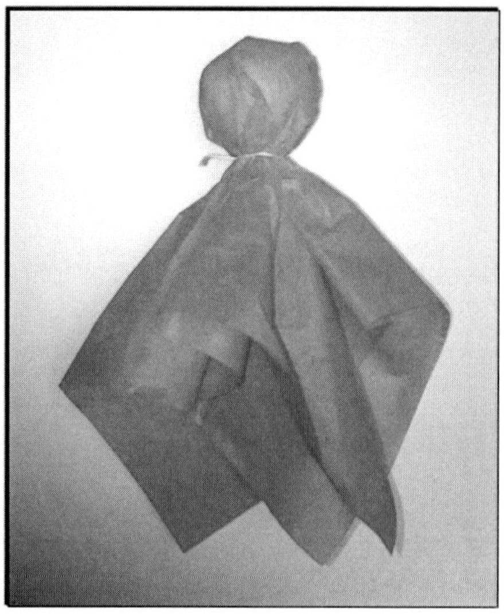

Ihr braucht:

- Seidenpapier in möglichst vielen verschiedenen Farben
- pro Elfe eine Wattekugel, Durchmesser ca. 2 cm
- Zwirnfaden oder Baumwollfaden zum Abbinden
- Weidenring oder Bambusstange zum Aufhängen
- Nylonfaden oder dünnes, weißes Garn zum Aufhängen
- Klebstoff oder eine Nähnadel

So geht es:

- Aus dem Seidenpapier Quadrate mit einer Seitenlänge von etwa 15 cm ausschneiden.
- Die Wattekugel in die Mitte des Papiers legen.
- Papier um die Kugel vorsichtig an den vier Ecken zusammenlegen.
- Die Kugel mit einem Faden abbinden, Faden verknoten.
- Faden zum Aufhängen entweder durch die Spitze des Kopfes nähen oder auf dem Kopf ankleben (ersteres hält besser).

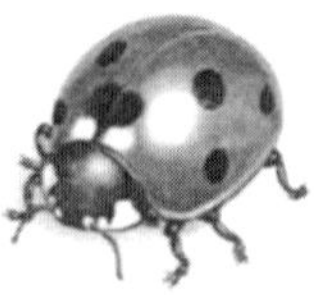

Marienkäfer

Ihr braucht:

- Tonpapier in rot und schwarz
- Bleistift, Schere, Klebstoff
- die Schablonen

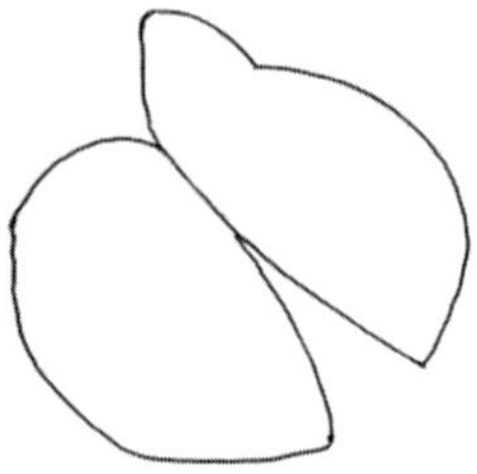

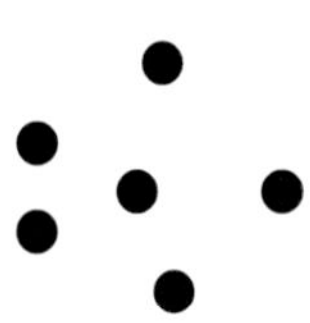

So geht es:

- Schablonen ausschneiden.
- Die Schablone mit Füßchen und Fühlern auf schwarzes Tonpapier übertragen.
- Die Flügel auf rotes Tonpapier übertragen.
- Beides ausschneiden.
- Flügel auf die schwarze Pappe kleben.
- Einige schwarze Punkte ausschneiden und auf die Flügel kleben.
- Vielleicht malt ihr dem Marienkäfer noch mit weißem Stift ein paar Augen auf.

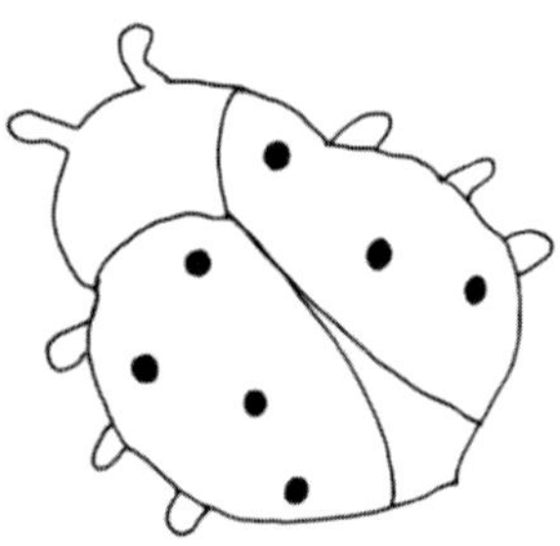

Der Jahreszeitentisch
Die Natur im Wechsel der Jahreszeiten – Bestell-Nr. 11 505
KOHL VERLAG

Schmetterlinge

Schmetterlinge aus Papier falten

Ihr braucht:

- 2 StückeTonpapier, 7 x 7 cm groß
- einen Rest Tonpapier in einer anderen Farbe
- zwei kleine Stückchen schwarzes Tonpapier für die Fühler
- Schere, Klebstoff, Bleistift, Filzstifte
- Faden zum Aufhängen

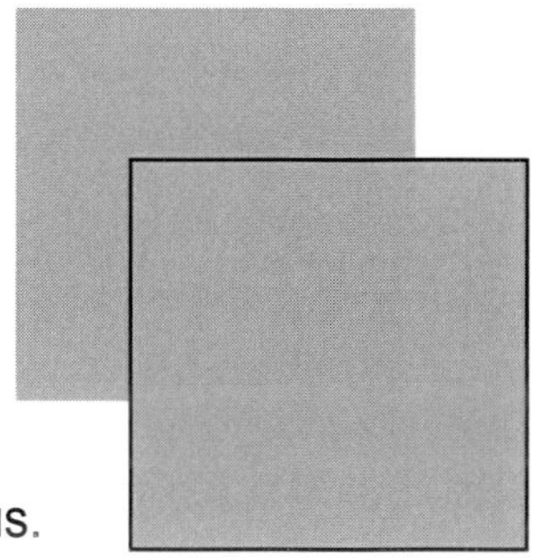

So geht es:

- Schneidet aus dem Tonpapier die zwei Quadrate aus.
- Faltet jedes Quadrat zu einem Dreieck.
- Faltet die Ecken des Dreiecks nach innen.
- Knickt nun die Ecken in der Mitte nach außen.
- Faltet den zweiten Flügel genauso.
- Schneidet aus dem anderen Tonpapier zweimal den Körper aus.
- Klebt die beiden Flügel zwischen die Körper.
- Verziert die Flügel mit Punkten.
- Schneidet aus dem schwarzen Tonkarton Fühler aus und klebt sie an den Kopf.
- Malt dem Schmetterling ein Gesicht.

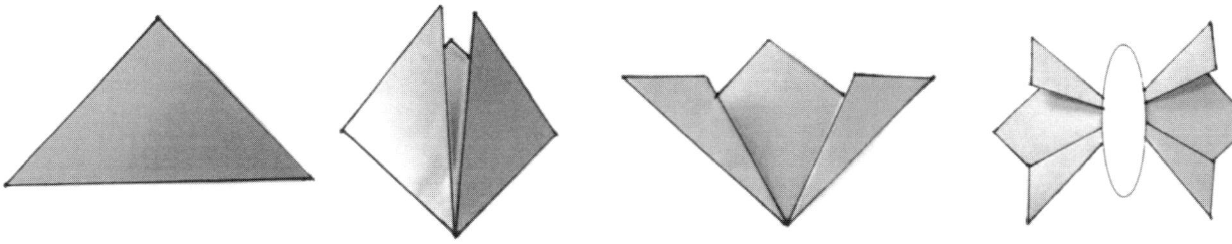

Vorlage Sonnenblume

Ihr braucht:

- Transparentpapier in verschiedenen Gelb-, Orange- und Rottönen
- braunes Transparentpapier
- Tapetenkleister

So geht es:

- Schneidet einen Kreis aus dem braunen Transparentpapier aus.
- Schneidet viele verschiedene Blütenblätter aus dem Transparentpapier.
- Klebt sie mit Tapetenkleister um den braunen Kreis ans Fenster.
- Der Kleister lässt sich problemlos wieder entfernen.

Der Jahreszeitentisch
Die Natur im Wechsel der Jahreszeiten – Bestell-Nr. 11 505
KOHL VERLAG

VIII. Herbst

Der Jahreszeitentisch im September

Septembermorgen

Eduard Mörike (1804-1875)

Im Nebel ruhet noch die Welt,
Noch träumen Wald und Wiesen:
Bald siehst du, wenn der Schleier fällt,
Den blauen Himmel unverstellt,
Herbstkräftig die gedämpfte Welt
In warmem Golde fließen.

Das Michaelis-Fest

Das Michaelis-Fest wird am 29. September gefeiert. Wir denken an den Erzengel Michael, der gegen das Böse gekämpft hat. Das Christentum betrachtet Michael als einen der vier Erzengel. Die anderen heißen Gabriel, Raphael und Uriel.

Die Legende vom Erzengel Michael

Der Legende nach wollte der Teufel Gott gleich werden. Daher befahl Gott dem Engel Michael, den Satan und dessen böses Gefolge vom Himmel zu stürzen. Mit Gottes Kraft kämpfte Michael gegen den Satan. Der Ritter Georg half ihm. Michael wurde schließlich als Erzengel zum Anführer der himmlischen Heerscharen.

Manche Legenden sehen in den Sternschnuppen, die vermehrt in den Wochen vor Michaeli fallen, die Funken des Schwertes des Heiligen Michaels. Bei den Christen gilt Michael als Bezwinger des Teufels. Der Teufel hat die Gestalt eines Drachens. Da er jedoch besiegt wurde, darf er als freundlicher Drache auf unserem Jahreszeitentisch Platz nehmen.

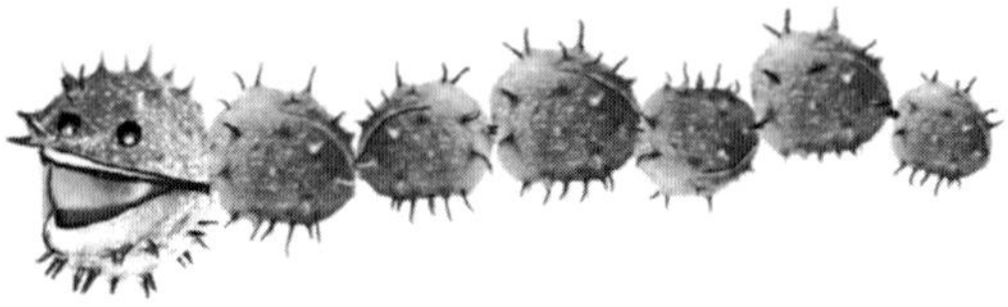

Das passt zum Jahreszeitentisch – Übersicht:

Tücher Untergrund	grünes Tuch, braunes Tuch
Tücher Hintergrund	goldgelbes, orangenes Tuch
Figuren	Mutter Erde mit Körben, Kürbiskinder
Basteln Schüler	Kürbiskinder, Walnuss-Mäuse, Kastanienschalen-Drachen
Accessoires	Hagebutten, Bucheckern, Eicheln, Kastanien, bunte Blätter, Stroh, Maiskolben, Moos, Rinde

Der Jahreszeitentisch
Die Natur im Wechsel der Jahreszeiten – Bestell-Nr. 11 505
KOHL VERLAG

Kürbiskinder

Kürbiskinder basteln

Ihr braucht:

- ein rundes Stück Filz, ca. 20 cm Durchmesser, in orange, gelb, grün oder rot
- einen Streifen grünen Filz für die Halskrause, etwa 2 x 12 cm
- einen kleinen, flachen Stein, damit das Kind gut steht
- festes Garn und eine dicke Nadel, Schere
- Schafwolle oder Watte für die Füllung und die Haare
- eine Wattekugel für den Kopf, Durchmesser etwa 4 cm
- hautfarbene Deckfarbe
- Farbstifte für Augen und Mund

So geht es:

- Male zuerst den Kopf hautfarben an und lasse ihn gut trocknen.
- In etwa 1 cm Abstand vom Rand des Filzkreises mit der dicken Nadel den Faden durchziehen *(siehe Kräuseln auf Seite 10)*.
- Den Faden leicht anziehen, damit sich ein Säckchen bildet.
- Auf den Boden des Säckchens den flachen Stein legen.
- Mit Schafwolle o. ä. stopfen und den Faden ziemlich fest anziehen und verknoten.
- Rand nach innen stopfen und den Kopf aufkleben.
- Haare aus Wolle oder Watte ankleben.
- Gesicht aufmalen.
- Aus dem Filzstreifen nach Vorlage eine Halskrause zuschneiden.
- Kräuselfaden durchziehen und um den Hals des Kürbiskindes festknoten.

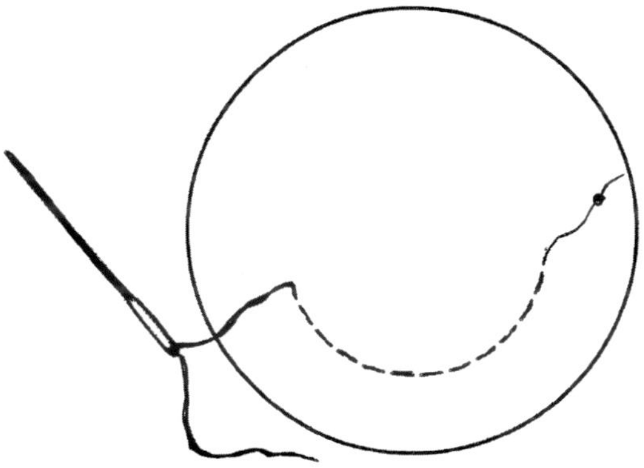

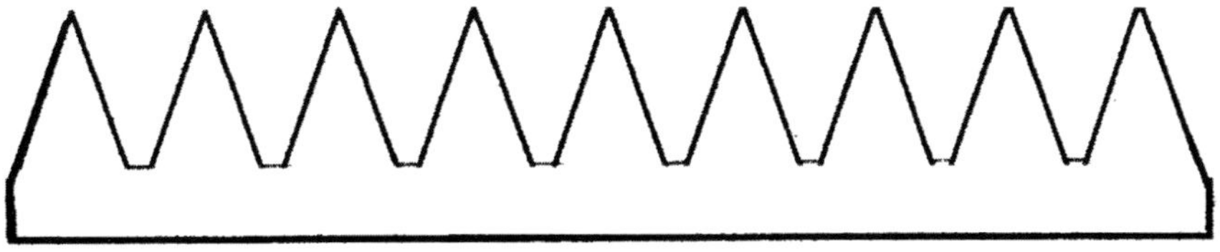

KOHL VERLAG Der Jahreszeitentisch Die Natur im Wechsel der Jahreszeiten – Bestell-Nr. 11 505

VIII. Herbst

Mäuse und Drachen

Die Mäuse

Ihr braucht:

- eine halbe Walnussschale
- braune Wolle oder Baumwolle
- schwarzen Filzstift
- Schere, Kleber

So geht es:

- Malt der Walnuss an der spitzen Seite Augen auf.
- Klebt hinten einen Schwanz (ca. 7 cm) aus dunkler Wolle oder Baumwolle an.
- Schneidet etwa 3-4 kurze Fäden ab und klebt eurer Maus noch einen Schnurrbart an.

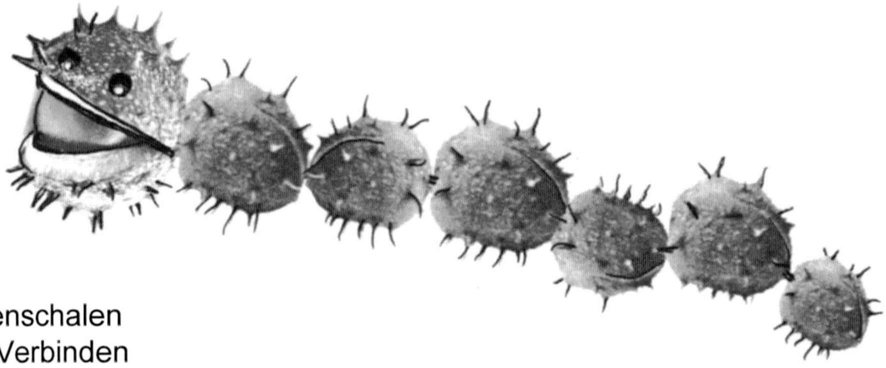

Die Drachen

Ihr braucht:

- eine halbgeöffnete Kastanie
- 6-8 halbe Kastanienschalen
- Zahnstocher zum Verbinden
- oder Nadel und Zwirn
- schwarzen Filzstift für die Augen

So geht es:

- Auf die halbgeöffnete Kastanie zwei Augen aufmalen *(siehe Bild)*.
- Entweder durch alle Kastanienschalen eine Zwirnfaden durchziehen und verknoten *(nicht zu stramm, damit ihr den Drachen noch bewegen könnt)* ...
- ... oder die einzelnen Kastanienschalen mit Zahnstochern verbinden.
- Dann dürfen die Drachen den Jahreszeitentisch bevölkern!

Tipp: Wenn ihr Kastanienschalen sammelt, die schon einige Tage auf dem Boden liegen, pieken sie nicht mehr so, die Stacheln sind schon ein wenig weicher geworden!

Der Jahreszeitentisch
Die Natur im Wechsel der Jahreszeiten – Bestell-Nr. 11 505
KOHL VERLAG

VIII. Herbst

Der Jahreszeitentisch im Oktober

Oktobergedicht

Friedrich Hebbel (1813-1863)

Das ist ein Herbsttag, wie ich keinen sah,
Die Luft ist still als atmete man kaum
Und dennoch fallen raschelnd fern und nah
Die schönsten Früchte ab von jedem Baum.

Oh stört sie nicht, die Feier der Natur.
Das ist die Lese, die sich selber hält.
Denn heute löst sich von den Zweigen nur
Was vor dem milden Strahl der Sonne fällt.

Die Tage werden deutlich kürzer, die Natur zieht sich zurück, nicht ohne uns noch mit buntem Laub und vielen Früchten zu erfreuen. Eicheln, Bucheckern, Hagebutten und einiges andere können wir noch sammeln und damit den Jahreszeitentisch verschönern.

Erntedankfest

Bei diesem Fest soll an die Arbeit in der Landwirtschaft und den Gärten gedacht werden. Aber auch daran, dass es nicht nur in der Hand des Menschen liegt, eine gute Ernte einzubringen. Es ist auch ein Dank an Gott. In Deutschland feiern wir das Erntedankfest meistens am ersten Sonntag im Oktober.

Zum Erntedankgottesdienst wird der Altar mit Feldfrüchten (Kartoffeln, Bohnen, Kohl, Getreide) und Obst (Äpfel, Birnen, Pflaumen, Quitten) sowie mit Sonnenblumen geschmückt. Bei uns in der Gemeinde backen einige Frauen Brot, was nach dem Gottesdienst bei einem gemeinsamen Frühstück gegessen wird. Leicht kann man auch in der Klasse ein Erntedankfrühstück stattfinden lassen.

Das passt zum Jahreszeitentisch – Übersicht:

Tücher Untergrund	braune und olivgrüne Töne
Tücher Hintergrund	rotes bis weinrotes oder rotbraunes Tuch
Figuren	Mutter Erde mit vielen Körben
Basteln Schüler	Pilze, Bucheckern-Kinder
Accessoires	Eicheln, Kastanien, Zapfen, Zwerge, bunte Blätter

Bucheckernkinder

Ihr braucht:

- die Schalen von Bucheckern mit einem kleinen Stückchen Stiel daran
- roten Filz
- Holzperlen, Durchmesser etwa 1 cm
- Schere, Bleistift, Schablone, Kleber
- Faden zum Aufhängen

So geht es:

- Auf den Stiel der Bucheckernschale die Holzperle aufkleben.
- Hut und Kleidchen aus rotem Filz ausschneiden (s. Schablonen).

- Kleidchen bis zur Mitte einschneiden (-----).
- Um die Bucheckernschale herum ankleben.
- Das Käppchen ebenfalls bis zur Mitte einschneiden und ein wenig zur Tüte rollen.
- Auf die Perle kleben.
- Vielleicht vorne einen Rand hochklappen *(siehe Bild unten links)*.
- Einen Faden durch das Käppchen ziehen, wenn ihr die Bucheckern-Kinder aufhängen wollt.
- Sonst können sie auch auf einem Zweig, einer Wurzel oder neben Mutter Erde Platz nehmen.

Vorlage für das Kleidchen, bis zur Mitte einschneiden

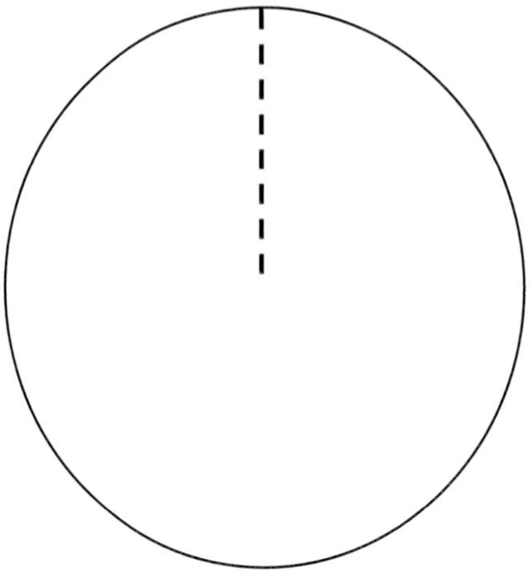

Vorlage für das Käppchen, auch bis zur Mitte einschneiden und ein wenig zur Tüte rollen

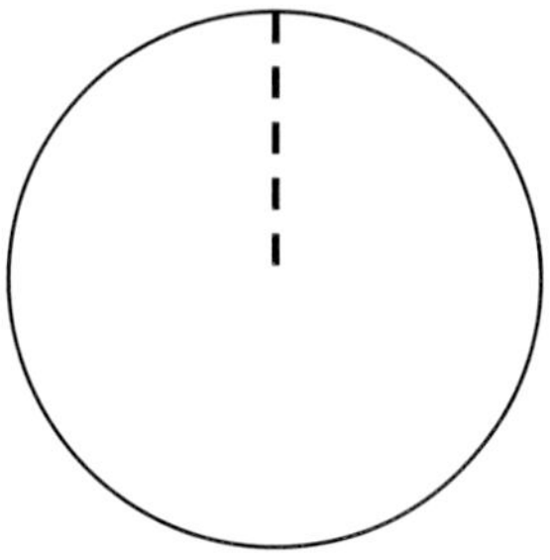

Pilze

Pilze im Herbst

Ihr braucht:

- roten Filz, Durchmesser etwa 6 cm
- beigen Filz, Durchmesser, etwa 6 cm
- für die Stiele beigen Filz, etwa 4 x 7 cm
- für das Röckchen beigen Filz, etwa 2 x 7 cm
- kleine Steinchen oder eine Murmel, damit der Pilz besser steht
- Schafwolle o.ä. zum Füllen
- Fußstück, Durchmesser etwa 2 cm aus hellem Filz
- Schere, Kleber, Faden, Nadel
- für die Punkte kleine, helle Punkte aus hellem Filz

So geht es:

Der Stiel:

- Den hellen Filz für den Stiel an der kurzen Seite zusammennähen oder -kleben.
- Fußstück annähen oder ankleben.
- Steinchen oder Murmel hineingeben.
- Mit Schafwolle oder ähnlichem ausstopfen.

Der Hut:

- Die Filzkreise für den Hut ausschneiden, sie müssen nicht genau rund sein, aber beide gleich, sonst passen sie beim Nähen nicht zusammen.
- Den hellen Filzkreis in der Mitte kreuzförmig einschneiden.
- Rotes und beiges Filzstück am Rand zusammennähen.
- Wenden, sodass die Naht innen liegt.
- Mit Schafwolle füllen.
- Am Stiel annähen oder ankleben.
- Röckchen zackenförmig ausschneiden *(siehe unten)*.
- Rings um den Stiel kleben.
- Den Hut mit kleinen, hellen Filzpunkten bekleben.

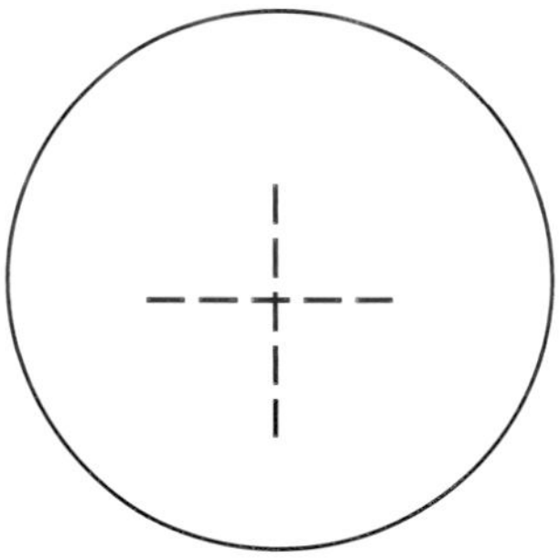

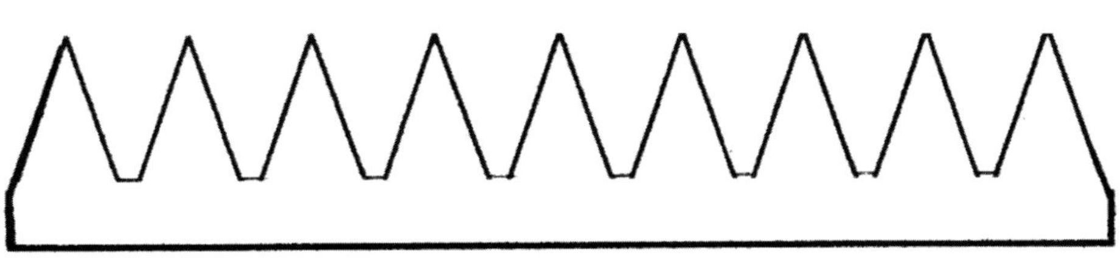

Der Jahreszeitentisch im November

November

Christian Morgenstern (1871-1914)

Nebel hängt wie Rauch ums Haus,
drängt die Welt nach innen;
ohne Not geht niemand aus;
alles fällt in Sinnen.
Leiser wird die Hand, der Mund,
stiller die Gebärde.
Heimlich, wie auf Meeresgrund
träumen Mensch und Erde.

Die Tage werden immer kürzer. Morgens geht man im Dunkeln aus dem Haus, und schon früh ist es wieder dunkel. Zeit für die geheimnisvollen Zwerge und Geschichten von ihnen. Mutter Erde verschwindet mit ihren Körben. Die Zwerge, evtl. eine Zwergenhöhle aus Moos und Wurzeln oder Rindenstücken sind nun auf dem Jahreszeitentisch zu finden. Am 10. oder 11. November feiern wir Sankt Martin mit vielen hellen Laternen.

Die Legende des heiligen Martins geht auf das 4. Jahrhundert zurück. Martin war römischer Soldat. Es war in einer sehr kalten Nacht. Überall lag hoher Schnee. Eiszapfen hingen von den Bäumen. Martin ritt auf seinem Pferd an einen vor Kälte zitternden Bettler heran. Der arme Mann saß im Schnee und hatte keine warme Kleidung. Der Bettler sah zu Martin auf und flehte um Hilfe. Voll von Mitleid teilte Sankt Martin mit seinem Schwert seinen wärmenden Umhang. Die eine Hälfte überließ Martin dem armen frierenden Mann und rettete ihn damit vor dem Tod. Als der Bettler sich bedanken wollte, ritt Martin mit seinem Teil des Umhangs davon. Martin wurde später der dritte Bischof von Tours.

In der Zwergenhöhle leise
singen Wichtel eine Weise
tanzen langsam um das Feuer
und erfreun sich ungeheuer.
November, das ist Zwergenzeit
komm herein, es ist nicht weit!

G.R.

Das passt zum Jahreszeitentisch – Übersicht:

Tücher Untergrund	braunes Tuch
Tücher Hintergrund	rotes Tuch
Figuren	Zwerge
Basteln Schüler	Zwerge
Accessoires	Zapfen, Moos, Rindenstücke

Der Jahreszeitentisch
Die Natur im Wechsel der Jahreszeiten – Bestell-Nr. 11 505
KOHL VERLAG

Zwerge

a) aus Filz und ungesponnener Schafwolle

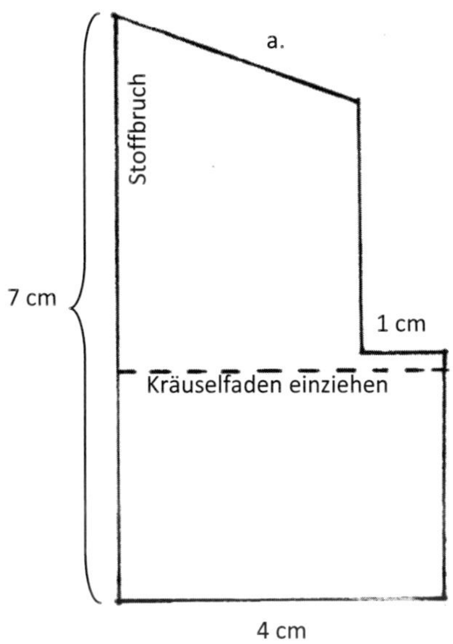

Ihr braucht:

- verschiedene bunte Filzstücke, 7 x 8 cm groß
- passenden starken Faden (Zwirn)
- stumpfe Nadel, Schere
- Schafwolle o.ä. zum Füllen

So geht es:

- Legt den Filz doppelt *(wie auf dem Bild).*
- Schneidet den Filz zu wie auf der Schablone.
- Zieht durch das ganze Teil den Kräuselfaden, Enden hängen lassen.
- Schließt nun die Naht an der Kapuze (siehe a.) und wendet den Zwergenmantel.
- Schafwolle zupfen und in den Mantel stecken.
- Kräuselfaden anziehen und verknoten *(das macht ihr am besten zu zweit).*
- Um das Gesicht kann ein wenig Wolle heraus gezupft werden.
- Unten heraus hängende Wolle wird gerade abgeschnitten, damit der Zwerg gut stehen kann.

b) Zwerge aus Holzkegeln

Ihr braucht:

- pro Zwerg einen Holzkegel, ca. 6 cm hoch
- Acrylfarbe fürs Gesicht und bunte Farben für den Körper
- Pinsel und Kleber
- bunten Filz, für den Umhang und die Mütze
- ein wenig Märchenwolle für Bart und Haare

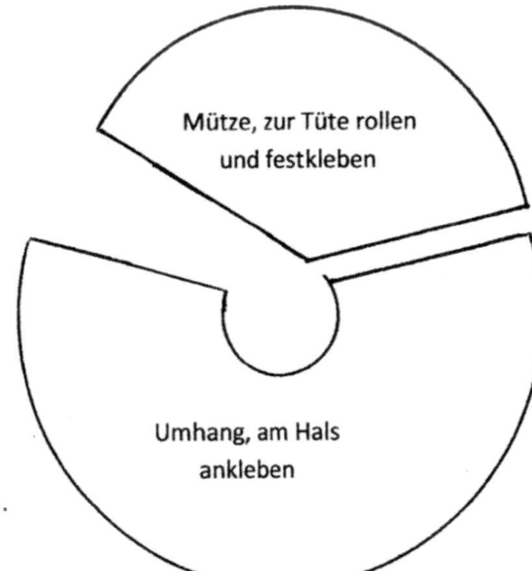

So geht es:

- Gesicht und Körper mit der Acrylfarbe anmalen.
- Zart Augen und Mund aufmalen, ein wenig Wolle ums Gesicht kleben.
- Filzmantel und Mütze nach den Vorlagen ausschneiden, eventuell etwas vergrößern.
- Mantel ankleben, Mütze aufkleben.
- Bart und Haare ein wenig zurechtzupfen.

Der Jahreszeitentisch
Die Natur im Wechsel der Jahreszeiten – Bestell-Nr. 11 505
KOHL VERLAG

IX. Winter zum Jahresende

Der Jahreszeitentisch im Dezember

Es treibt der Wind im Winterwalde

Rainer Maria Rilke (1875-1926)

Es treibt der Wind im Winterwalde
die Flockenherde wie ein Hirt
und manche Tanne ahnt, wie balde
sie fromm und lichterheilig wird,
und lauscht hinaus;
den weißen Wegen streckt sie die
Zweige hin,
bereit und wehrt dem Wind
und wächst entgegen
der einen Nacht der Herrlichkeit.

Wir bedecken unseren Tisch mit einem braunen Tuch und hängen ein mittelblaues Tuch als Himmel dahinter. Darauf kleben wir vom 1. Dezember an jeden Tag einen goldenen Stern mehr. In der Nacht vom 5. zum 6. Dezember war der Nikolaus da. Das kann durch ein Bild von ihm dargestellt werden.

Maria und Josef machen sich auf den Weg, Mitte des Monats ist die Krippe mit den Hirten und Tieren zu sehen, am Heiligen Abend sind Maria und Josef am Stall angekommen und das Jesuskind liegt in der Krippe. Auf dem Jahreszeitentisch kann jeden Tag ein Teelicht mehr angezündet werden. Da es morgens, wenn die Kinder kommen, noch dunkel ist, gibt das eine sehr anheimelnde Atmosphäre.

Am 4. Dezember ist Barbara-Tag

Die heilige Barbara gilt als Schutzpatronin der Bergleute, der Türme und Burgen.
Die Legende erzählt:
Die Märtyrerin Barbara lebte im 3. Jdt. in Kleinasien, nahe dem heutigen Istanbul. Ihr Vater war ein reicher Mann. Trotzdem entschied sich Barbara gegen den Willen ihres Vaters für den christlichen Glauben. So musste sie sterben.
Ein Kirschbaumzweig soll sich in ihrem Kleid verfangen haben, als man sie in den Kerker sperrte. Den Zweig habe sie mit Wasser aus ihrem Trinkbecher getränkt.

Das passt zum Jahreszeitentisch – Übersicht:

Tücher Untergrund	blaues Tuch, evtl. mit goldenen Sternchen
Tücher Hintergrund	braunes , beiges Tuch
Figuren	Maria und Josef, Hirten, Engel
Basteln Schüler	Tannenbäume aus Pappe und Watte, Engel
Accessoires	Kerzen, Tannenzapfen und -zweige, Kirschzweige vom Barbaratag

IX. Winter zum Jahresende

Weihnachtsbäume aus Tonpapier

Ihr braucht:

- dunkelgrünes Tonpapier oder Fotokarton
- Bleistift, Lineal, Klebstoff und Schere
- Watteflöckchen
- die Schablonen

So geht es:

- Aus dem Tonpapier 2 gleiche Tannenbäume ausschneiden.
- Bei einem Baum macht ihr mit dem Lineal einen Strich von der Spitze bis zur Mitte.
- Beim zweiten Baum macht ihr einen Strich von der Mitte bis unten *(siehe Bilder)*.
- An den Strich entlang schneidet ihr die Bäume bis zur Hälfte ein.
- Mit Watteflöckchen könnt ihr die Tannenbäume noch verzieren.
- Dann werden beide Teile zusammengesteckt.
- Auf dem Jahreszeitentisch könnt ihr nun einen Weihnachts-Winter-Wald aufbauen!

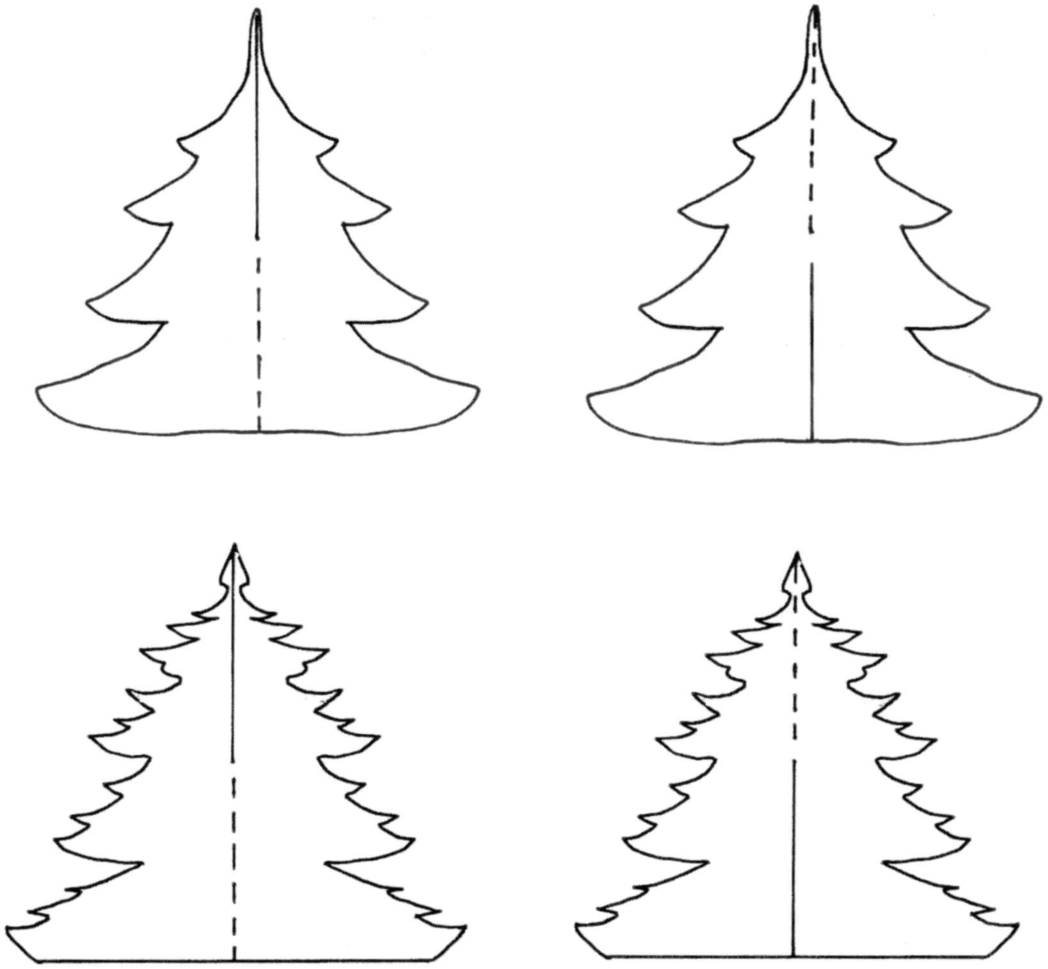

IX. Winter zum Jahresende

Gefalteter Engel

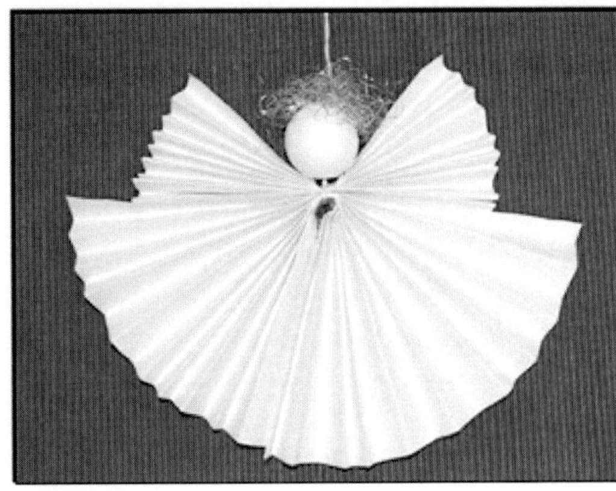

Ihr braucht:

- 1 Blatt weißes Papier, DIN A5
- 1 Blatt weißes Papier, DIN A6
- eine Wattekugel, 2-3 cm Durchmesser
- Engelshaar oder Goldfäden
- Stifte in Blau und rosa
- weißen Faden und Nadel, Klebstoff

So geht es:

- Faltet erst das große Papier zu einem Fächer mit etwa 1cm breiten Falten.
- Faltet dann das kleine Papier genauso.
- Nehmt den größeren Fächer in der Mitte zu einer Schleife zusammen.
- Klebt ihn unten in der Mitte zusammen. Das ist der Rock des Engels.
- Auch der kleinere Fächer wird zur Schleife zusammengenommen. Er ergibt die Flügel und Arme des Engels.
- Klebt das Ärmelstück an den Rock.
- Wickelt einen Faden um die Kleidmitte und fädelt ihn in eine Nadel ein.
- Stecht die Nadel durch die Wattekugel und verknotet den Faden, so habt ihr gleich einen Aufhänger für den Engel.
- Malt noch ein Gesichtchen auf und klebt das Engelshaar an.

Engel aus einem Mini-Blumentopf basteln

Ihr braucht:

- Goldfolie oder Goldkarton für die Flügel
- einen kleinen Blumentopf, etwa 6 cm hoch
- weiße Deckfarbe
- Wattekugel, etwa 3 -4 cm
- Bleistift, Farbstifte fürs Gesicht, Kleber
- Engelshaar oder Watte für die Haare
- eventuell kleine Goldsternchen fürs Kleid

So geht es:

- Den Blumentopf weiß anmalen.
- Ein Gesicht auf die Wattekugel malen.
- Auf den Boden des Blumentopfes kleben.
- Flügel auf Goldkarton aufmalen und ausschneiden.
- Flügel und Haare ankleben.

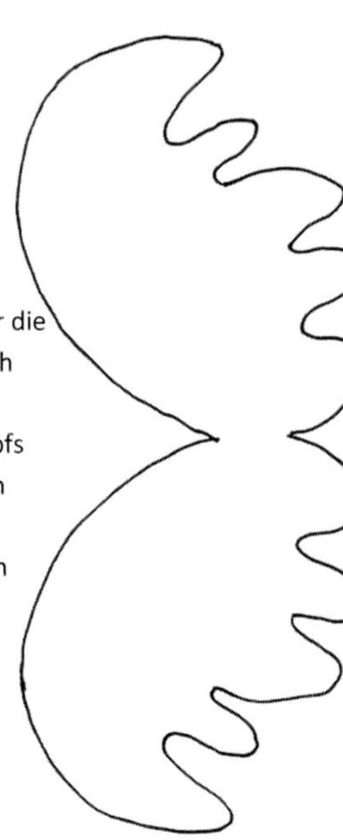

Vorlage für die Flügel, nach Größe des Blumentopfs vergrößern oder verkleinern

Der Jahreszeitentisch
Die Natur im Wechsel der Jahreszeiten – Bestell-Nr. 11 505
KOHL VERLAG

X. Einen Puppenkopf gestalten

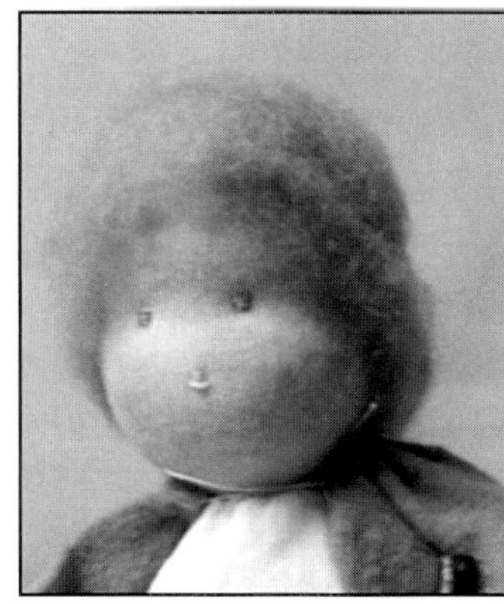

Diesen Puppenkopf brauchen Sie für Mutter Erde, Mütterchen Tau, König Winter, die Frühlingsfee und evtl. das Kasperle. Für kleinere Püppchen bleibt die Arbeit die gleiche, nur die Maße ändern sich.

Pro Kopf braucht man:

- Schlauchverband, 3 cm breit, etwa 25 cm
- hautfarbenes Puppentrikot, ca. 9 cm breit und 13 cm hoch
- Füllmaterial (ungesponnene Schafwolle o. ä.)
- festes Garn zum Abbinden
- Stickgarn in rot, rosa, blau, braun oder Farbstifte für Augen und Mund
- Wolle für die Haare

So geht es:

- Schlauchverband in der Mitte fest zubinden, doppelt legen – er bildet nun eine Tüte.
- Diese Tüte mit dem Füllmaterial stopfen, so fest es geht. Dabei eine Kugel formen, in einer Hand halten und mit der anderen Hand Schafwolle reindrücken.
- Die Kugel unten fest zusammenbinden, dabei etwas Wolle für den Hals herausragen lassen
- Etwa in der Mitte des Kopfes einen Faden für die Augenlinie um den Kopf legen und verknoten. Das Garn soll ein wenig einschneiden, aber nicht zu sehr.
- Das Puppentrikot in Webrichtung rechts auf rechts zusammennähen.
- Den Schlauch oben kräuseln und zusammenziehen, den Faden vernähen.
- Trikot wenden und über den geformten Kopf stülpen.
- Auf der Linie die Augen aufmalen oder aufsticken, darunter den Mund. Augen und Mund sollten ein gleichseitiges Dreieck bilden. Um die Anordnung zu testen, markiere ich die einzelnen Punkte vor dem Malen oder Sticken mit Stecknadeln.
- Man kann die Haare aufsticken oder aus Märchenwolle oder ungesponnener Schafwolle aufkleben.
- Man kann auch ein Käppchen häkeln. Da es mittlerweile sogenannte „Löckchenwolle“ gibt, finde ich das am schönsten.

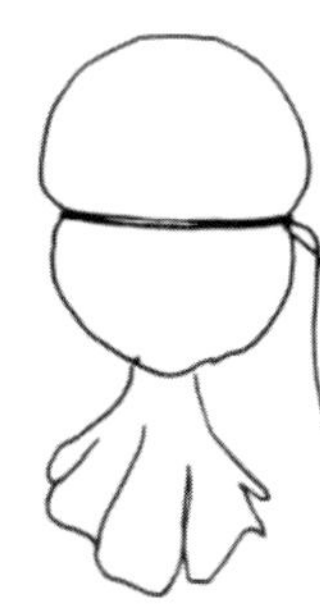

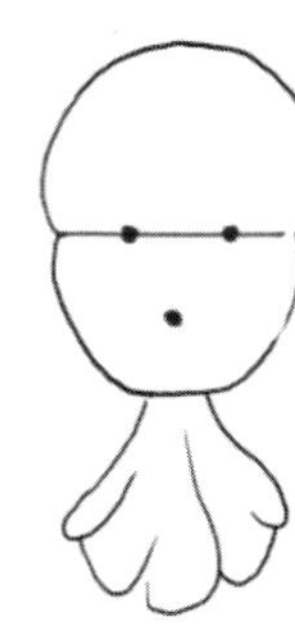

XI. Kleidung und Figuren

Die Kleidung – Tipps

Kleidung lässt sich sehr hübsch aus verschiedenem Filz herstellen. Man muss keine Naht versäubern, und das Ganze franst auch nicht aus. ☺ Notfalls kann man die Nähte sogar kleben! Eine Alternative ist eine Zick-Zack-Schere. Damit zugeschnittene Stoffe brauchen nur knapp oder gar nicht gesäumt werden.
Auf jeden Fall ist ein Bügeleisen vonnöten. Es ist viel einfacher einen Saum zu nähen, wenn man ihn vorher kurz eingebügelt hat.
Aber vielleicht sind Sie ja auch ein Meister der Nähtechnik (oder kennen einen)!
Alle Angaben und Schnittmuster hier sind Anhaltswerte. Da jede Puppe ein Unikat ist und ein wenig anders ausfällt, ist das eine Teil vielleicht ein wenig zu kürzen und das andere ein Wenig zu verlängern. Auch bei sorgfältigster Arbeit wird ein Puppenkopf nicht immer exakt den gleichen Umfang haben!
Da alle Figuren ja nicht zum täglichen Spiel benutzt werden und daher keiner Belastung unterliegen, muss man auch nicht alles bombenfest nähen!

Für die Figur haben Sie die Wahl:

Ein Biegepüppchen von etwa 21 oder 22 cm erhalten Sie im Bastelladen oder im Internet. Es gibt diese Figuren auch mit einem Holzkopf, aber ein Köpfchen aus Schafwolle und Puppentrikot sieht einfach hübscher aus (meine Meinung).

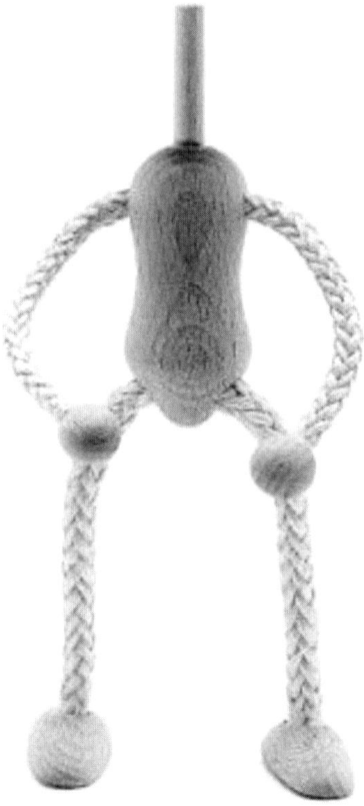

Alternativ kann man die Puppe auf einem Holzständer basteln. Auch diese Holzständer gibt es im Internet für kleines Geld zu kaufen. Dazu braucht man dann ein Stück Sisaldraht für die Arme.

→

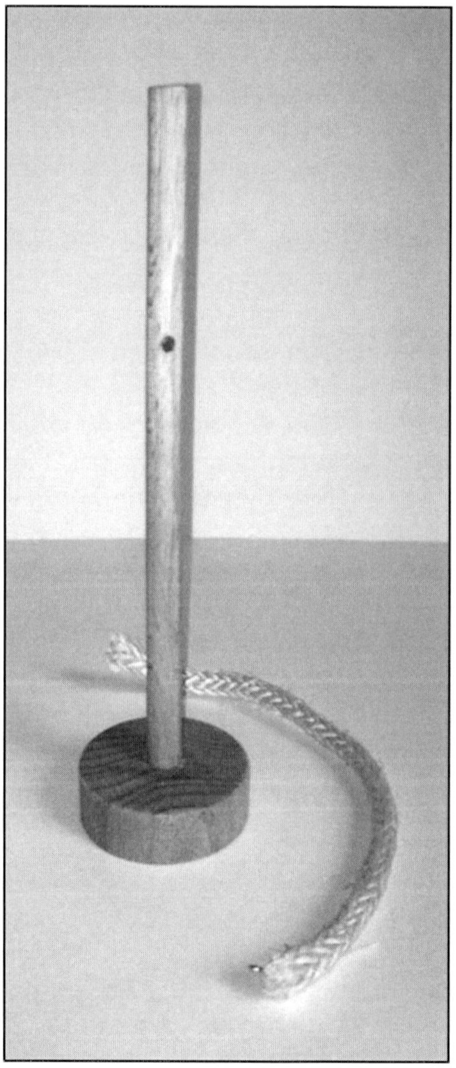

Mutter Erde und Mütterchen Tau (mit Biegepüppchen)

Material:

- einen Puppenkopf *(siehe Seite 37)*
- ein Rest Puppentrikot für die Hände
- ein Biegepüppchen ohne Kopf, ca. 20-21 cm
- ungesponnene Schafwolle o.ä. zum Füllen
- graue, braune oder hellbraune Wolle für die Haare

Für die Kleidung:
(sollte in harmonischen Farben gestaltet werden)

- Bluse: Stoffrest, ca. 16 x 22 cm
- Rock: brauner oder beiger Stoff, 38 x 14 cm
- Schürze: 11 x 11 cm, dazu passend 25 cm Schrägband
- Hut Mutter Erde: ein rundes Stück Stoff, 11 cm Durchmesser
- Mütterchen Tau erhält ein Kopftuch aus Filz
- ca. 30 cm schmale, weiße Spitze
- Umhang: 40 x 20 cm Wollstoff oder Filz
- eventuell Schultertuch gestrickt: Wollreste, oder Dreieck aus braunem oder grauem Filz
- Mutter Erde ist schon alt, sie sollte graue Haare haben, Mütterchen Tau kann hellbraune oder braune Haare haben.
- für Mutter Erde einige Körbchen, die erhalten Sie im Bastelladen oder im Internet
- für Mütterchen Tau einen kleinen Reisigbesen, den man auch kaufen kann oder aus einigen kleinen Zweigen und einer Schnur leicht selber herstellen kann

Kleidung Mutter Erde und Mütterchen Tau – so geht es:

- Das überstehende Trikot des Puppenkopfes an den Sisalarmen des Biegepüppchens festnähen.
- Die Bluse nach dem Schnitt nähen, dabei 1 cm Nahtzugabe rechnen, hinten aufschneiden.
- Die Hände mit Puppentrikotstoff beziehen, ums Handgelenk verknoten.
- Mutter Erde erhält nun eine Frisur aus grauer, ungesponnener Schafwolle, Märchenwolle oder ein gehäkeltes Wollkäppchen (ich stehe auf Löckchenwolle, damit lässt sich ganz flott ein Käppchen häkeln) mit einigen Stichen auf dem Kopf festnähen.
- Mütterchen Tau hat braune Haare aus Märchenwolle mit einem Knoten am Nacken, ebenfalls leicht annähen.

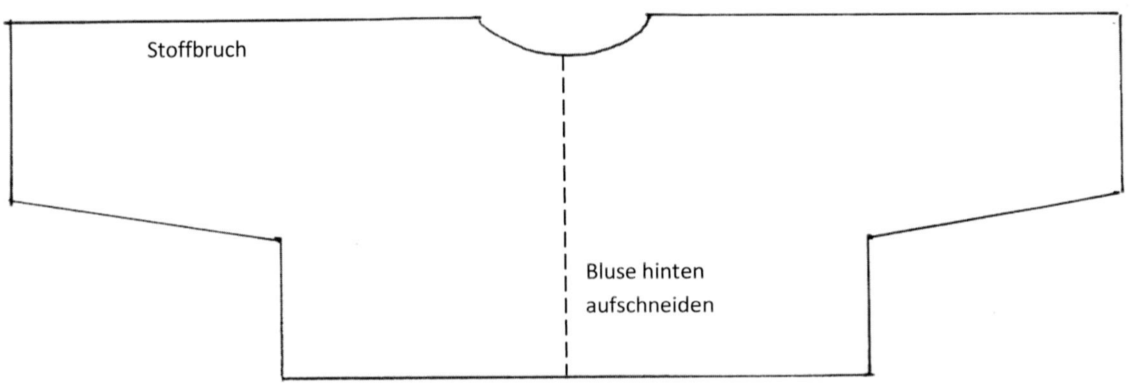

- Bluse anziehen, am Hals und den Händen annähen, hintere Naht wieder schließen.
- Den Rock säumen, hinten zusammennähen und am Bund kräuseln.
- Kräusel nach innen bügeln, Rock anziehen, auf passende Weite bringen und an der Bluse festnähen.
- Schürze säumen, oben auf etwa 7 cm Breite einkräuseln, die die Mitte des Schrägbandes einnähen.
- Schürze anziehen und mit dem überstehenden Schrägband zubinden.
- Schultertuch aus Wollresten kraus rechts stricken oder aus Filz ausschneiden
- Um den Hals drapieren.
- Für den Hut die weiße Spitze um das runde Stoffstück annähen.
- Kräuselfaden an der Naht durchziehen, dem Kopf anpassen und verknoten.
- Für den Umhang den Wollstoff säumen, oben mal wieder kräuseln und mit einer Schleife (der Umhang soll ja im Sommer verschwinden) befestigen.
- Mutter Erde ist ja unter anderem für die Ernte zuständig, daher wird sie mit einigen Körben ausgestattet.
- Mütterchen Tau bekommt einen kleinen Besen, damit sie den letzten Schnee wegfegen kann!

König Winter (Anleitung Ständerpuppe)

Material:

- einen Puppenkopf
- ein Biegepüppchen oder Ständerpüppchen von 20-21 cm
- bei einem Ständerpüppchen etwa 18 cm Sisaldraht für die Arme
- Reste Puppentrikot für die Hände
- Stoff oder Filz in weiß, eisblau oder hellgrau für das Unterkleid, ca. 20 x 30 cm
- weißen Filz für den Umhang, ca. 20 x 40 cm
- weiße Watte oder ungesponnene Schafwolle für Haare und Bart
- Silberkarton für die Krone
- einen Schaschlikspieß, mit Alu-Folie eingewickelt

So geht es:

Anleitung (Ständerpuppe, Biegepüppchen siehe Mutter Erde)

- Den Sisaldraht an dem Loch im Ständer annähen.
- Die überstehenden Trikotreste des Kopfes an den Armen annähen, dabei den Ständer ein wenig in den Kopf bohren.
- Die Enden des Drahtes mit ein wenig Schafwolle oder Watte umwickeln,
- Für die Hände zwei Stückchen Puppentrikot, etwa 5 x 5 cm zuschneiden, über die Drahtenden stülpen und mit einem Faden fest verknoten.
- Das Unterkleid zuschneiden *(siehe Schnitt nächste Seite)*.
- Die Seitennähte schließen
- Kleid wenden und an Hals und Ärmeln Kräuselfäden durchziehen
- Kräuselfäden an Hals und Ärmeln passend anziehen und das Kleid mit dem restlichen Faden an den König Winter annähen.
- Nun den Umhang aus weißem Filz mit langen Eiszapfen *(siehe nächste Seite)* zuschneiden.
- Umhang kräuseln, am Hals festbinden und zurechtziehen.
- Haare aus Watte oder Wolle zurechtzupfen und mit wenigen Stichen auf dem Kopf festnähen oder ankleben.
- Bart aus Watte oder Wolle gestalten, ebenfalls annähen oder ankleben.
- Die Krone aus Silberfolie zuschneiden, anpassen und befestigen.
- Dem Schaschlikspieß die Spitze abbrechen, ihn mit Alufolie umwickeln.
- Mit einer kleinen Schlinge an einer Hand befestigen.

XIII. König Winter

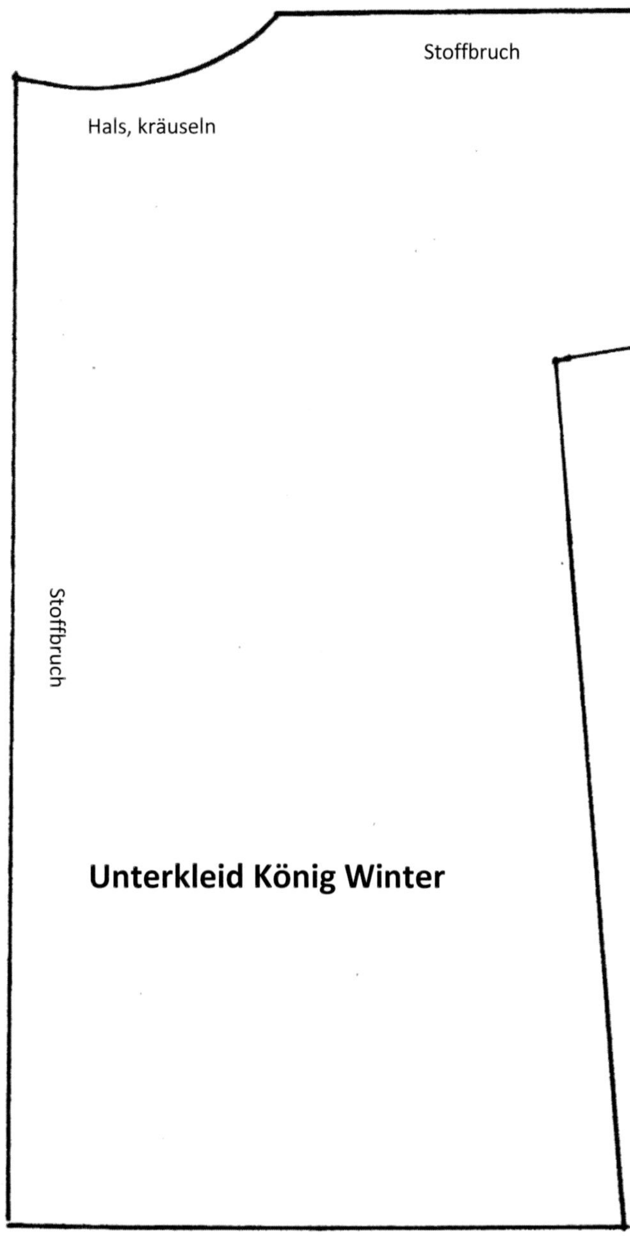

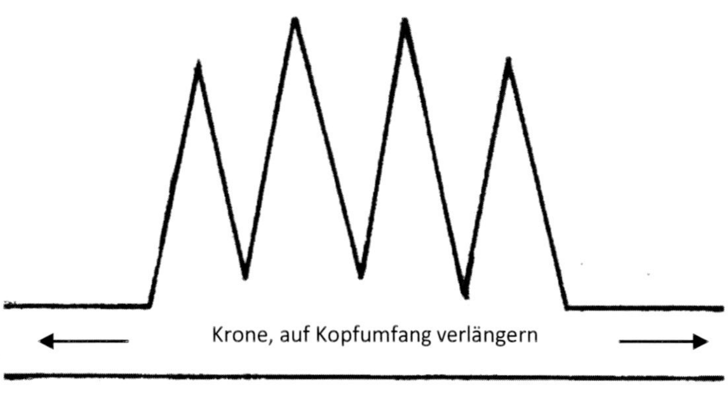

Der Jahreszeitentisch
Die Natur im Wechsel der Jahreszeiten – Bestell-Nr. 11 505
KOHL VERLAG

XIV. Die Frühlingsfee

Man braucht:

- einen Puppenkopf
- hellgelbe Seide oder einen gut fallenden Stoff (Futtertaft, Viskose) in den Größen 45 x 45 und 40 x 40 cm
- hellgelbe Wolle oder Märchenwolle
- für den Hut zartgelbe oder goldene Pappe, etwa 16 x 16 cm
- einige Bänder in hellen Farben
- Stifte, um das Gesicht aufzumalen oder Sticktwist in hellblau und rosa, wenn Sie das Gesicht aufsticken möchten

So geht es:

- Die Stofflappen ringsum säumen oder mit einer Zickzackschere zuschneiden.
- In die Mitte ein kleines Loch für den Hals schneiden.
- Kopf durch die beiden Halslöcher ziehen und die Tücher versetzt *(siehe Skizze unten)* annähen.
- Das Gesicht gestalten, denken Sie daran, dass Augen und Mund ein gleichseitiges Dreieck ergeben sollten!
- Die Frühlingsfee erhält lange, goldgelbe Haare.
- Für den Hut die Pappe nach dem Kopf passend zuschneiden.
- Zusammenkleben.
- Bänder an der Hutnaht ankleben.

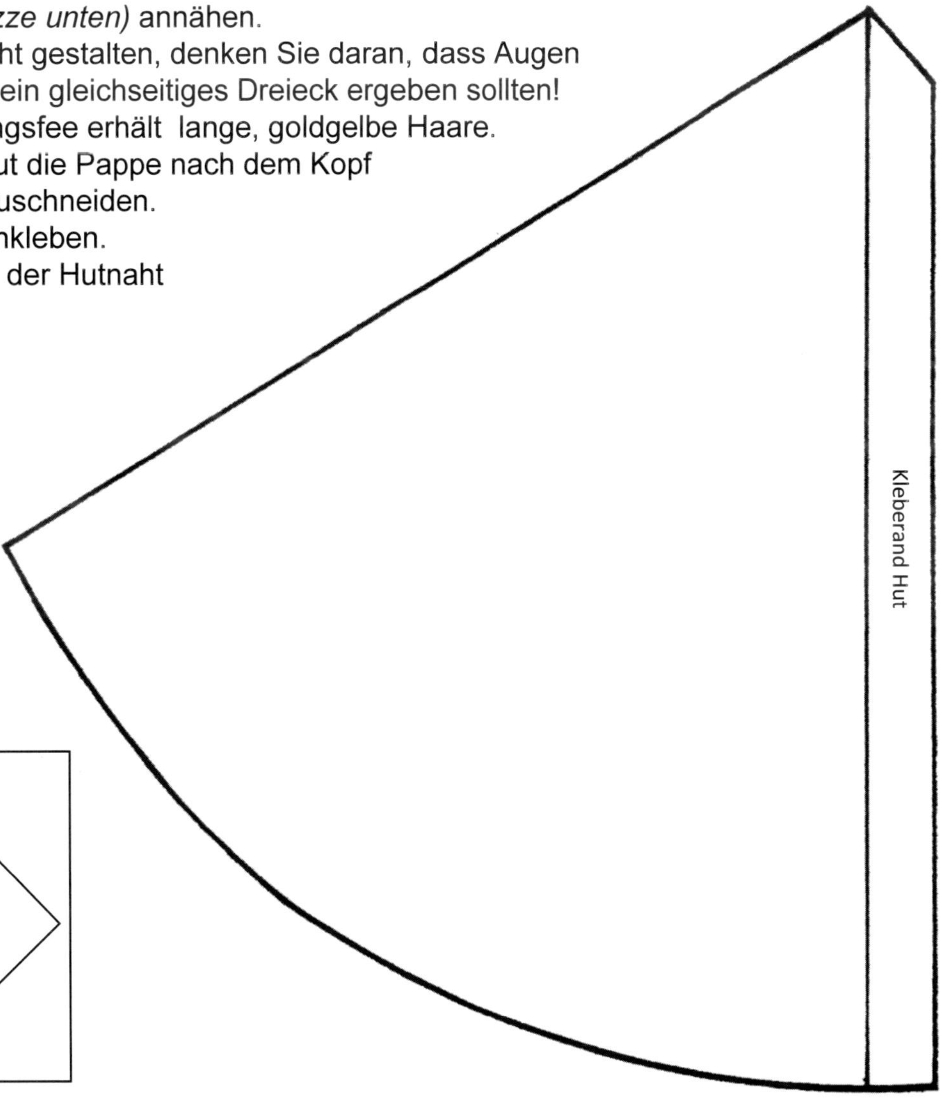

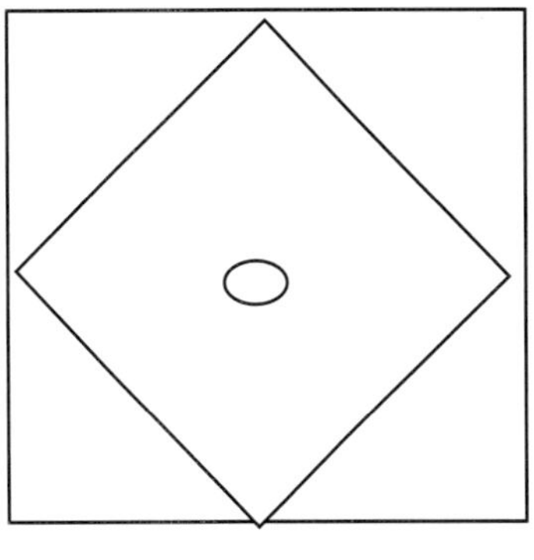

XV. Maria, Josef und die Hirten

Maria, Josef und die Hirten

Material:

- einen kleinen Puppenkopf *(siehe unten)*
- ein Rest Puppentrikot für die Hände
- ein Biegepüppchen ohne Kopf, ca. 10-12 cm
- Filz- und Stoffreste für die Kleidung
- Wollreste oder Märchenwolle für die Haare und Bärte

Pro Kopf braucht man:

- Schlauchverband, 1,5 cm breit, etwa 15 cm
- hautfarbenes Puppentrikot, ca. 6 cm breit und 7 cm hoch
- Füllmaterial (ungesponnene Schafwolle o. ä.)
- festes Garn zum Abbinden
- Stickgarn in rot, rosa, blau, braun oder Farbstifte für Augen und Mund

Die Anleitung für den Kopf gibt es auf Seite 37, Sie müssen nur die Maße ändern *(siehe oben)*.
Die Kleidung: Jede Figur wird mit einem Unterkleid ausgestattet. Das kann aus dünnem Baumwollstoff, Futterstoff oder Viskose sein. Darüber erhalten alle einen weiten Umhang, entweder wieder aus Baumwollstoff, der etwas dicker sein darf, oder aus Filz.
Die Haare und die Kopfbedeckungen (Kapuze, Hut, Mütze) können Sie individuell gestalten, Anleitungen finden Sie auf der nächsten Seite.

So geht es:

- Die überstehenden Trikotreste des Kopfes an den Armen des Biegepüppchens annähen, dabei den Hals des Holzpüppchens ein wenig in den Kopf bohren.
- Für die Holzhände zwei Stückchen Puppentrikot, etwa 2 x 2 cm zuschneiden, überstülpen und mit einem Faden fest verknoten.
- Das Unterkleid zuschneiden *(siehe Schnitt nächste Seite)*.
- Die Seitennähte schließen.
- Kleid wenden und an Hals und Ärmeln Kräuselfäden durchziehen.
- Kräuselfäden an Hals und Ärmeln passend anziehen und das Kleid mit dem restlichen Faden an das Püppchen nähen.
- Nun den Umhang zuschneiden. Bei Filz nehmen Sie ein Stück von 25 x 8-9 cm, bei Baumwollstoff müssen Sie säumen und 1 cm Nahtzugabe rechnen.
- Oben durch den Umhang wird wieder der beliebte Kräuselfaden gezogen und um den Hals des Püppchens fest verknotet.
- Für die Haare können Sie einfach ein wenig Märchenwolle auf den Köpfchen verteilen und mit ein paar Stichen festnähen oder ein Käppchen häkeln.

XV. Maria, Josef und die Hirten

Eine kleine Perücke (ein Käppchen) oder eine Mütze häkeln:

- Beginnen Sie mit 3 Luftmaschen, die Sie zum Kreis schließen.
- In der ersten Reihe werden in jede Luftmasche zwei feste Maschen gehäkelt.
- In der zweiten Reihe häkeln Sie in jede zweite Masche zwei feste Maschen.
- Die nächsten Reihen werden einfach dem Köpfchen angepasst. Wenn es zu eng ist, weitere Maschen zunehmen, wenn es passt, nur noch einige Reihen weiter häkeln.
- Das Käppchen wird ebenfalls mit ein paar Stichen festgenäht oder geklebt.

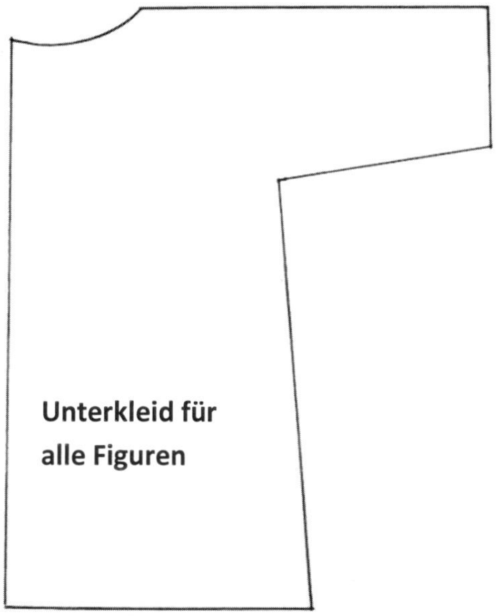

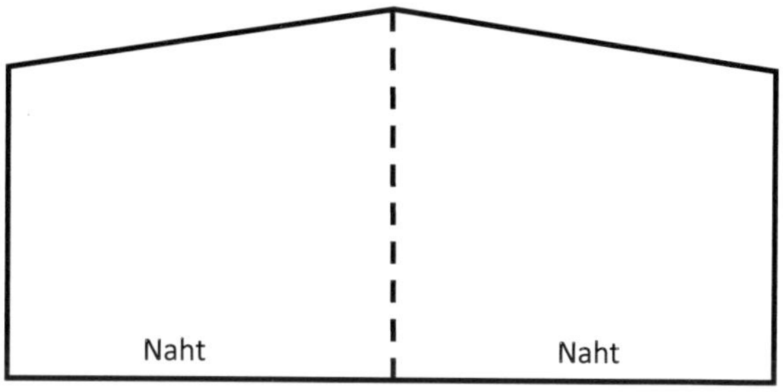

Kapuze: an der gestrichelten Linie falten, die Naht hinten schließen und am Umhang annähen

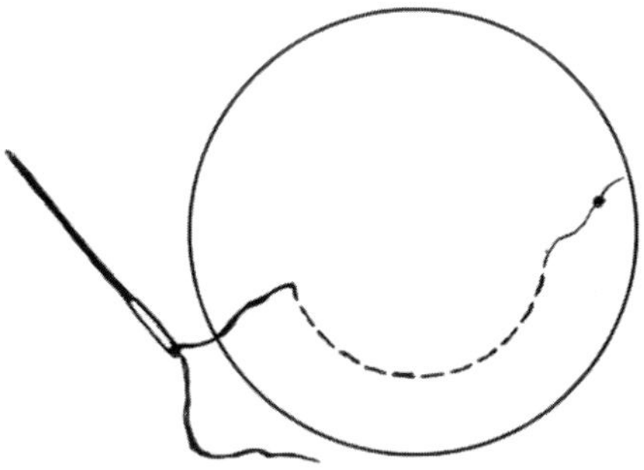

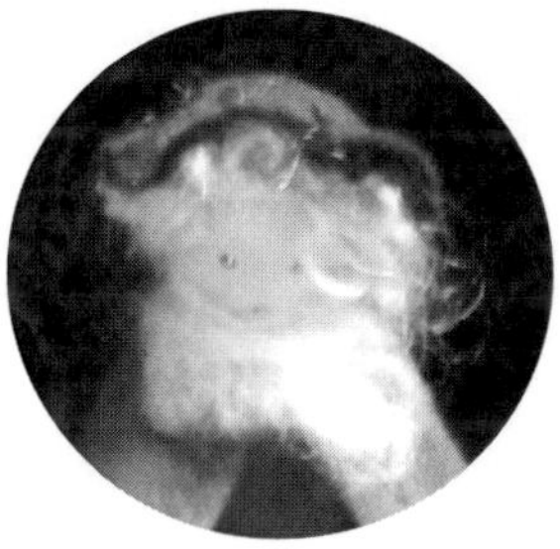

Filzhut: ein Stück Filz von etwa 7 cm Durchmesser einen cm vom Rand entfernt kräuseln. Faden passend anziehen, Hut annähen

Sollten Sie nun noch Lust haben, können Sie nach diesen Vorlagen auch die Heiligen Drei Könige basteln. Stoff mit goldenen Sternen oder Monden macht sich sehr gut und eine schmale Goldborte um den Kopf ist sehr leicht anzubringen. Puppentrikot gibt es natürlich auch in dunkelbraun! Auf das helle Unterkleid habe ich ebenfalls eine Goldborte genäht.

XV. Maria, Josef und die Hirten

Eine Krippe aus Salz-Mehl-Teig basteln

Eine Krippe lässt sich mit kleineren Kindern auch sehr hübsch aus Salz-Mehl-Teig basteln.

Die Krippe im „Rohbau“

<u>Ihr benötigt für den Teig</u>:

- 2 Tassen Mehl
- 2 Tassen Salz
- 1 Tasse Wasser
- 1 Teelöffel Öl
- evtl. Filzreste für Hüte und Umhänge
- evtl. Schafwolle für die Haare

So geht es:

Alles gut verkneten. Wenn der Teig zu klebrig ist, noch ein wenig Mehl zugeben. Ist der Teig zu trocken, etwas Wasser hinzufügen.

Nun nach den Vorlagen die Figuren formen. Sie sollten etwa 7-8 cm hoch sein. Darauf achten, dass die Figuren gut stehen können! Von den Hirten und den Schafen sollten es mehrere sein, alle anderen braucht man nur einmal!

Für das Fell der Schafe drückt man den Teig einfach durch eine Knoblauchpresse. Die entstandenen Stränge legt man vorsichtig auf die Figuren. Hüte und Umhänge lassen sich leicht aus den Resten formen. Gesichter können mit eine Stiftspitze angedeutet werden.

Die fertigen Figuren werden auf ein Backblech mit Backpapier gelegt und einige Stunden im Backofen bei etwa 100 Grad getrocknet. Immer mal wieder nachsehen, es wäre schade, wenn die Arbeit verbrennt. Die Figuren können mit Deckfarben angemalt werden. Man sollte viel Farbe und wenig Wasser verwenden und alles anschließend bei 150°C nochmal etwa zehn Minuten trocknen

Aber auch aus Filz und Schafwolle lassen sich Haare und Hüte einfach herstellen. Man kann die Figuren ebenfalls mit einem Filzumhang ausstatten, das ist zwar mehr Arbeit, sieht aber auch natürlicher aus.

Tim Schrödel

Logikrätsel Ethik

Logisches Denken ist eine der Grundvoraussetzungen, um sich in dieser Welt zurechtzufinden. Auf ansprechende Art und Weise erarbeiten, wiederholen und festigen die Schüler abwechslungsreiche Themengebiete des Ethikunterrichts.

32 Seiten				PDF-Schullizenz
	Buch	11 531	13,80 €	
	PDF	P11 531	10,99 €	44,- €

BF · 3 4

Gary M. Forester

Glück ... hat viele Gesichter

Was ist Glück? Wann spricht man von Glück? Kann man dem Glück zufällig begegnen? Hängt es von materiellen Dingen oder von unseren Mitmenschen ab? Kann es biochemisch erklärt werden? Wir machen uns auf die Spur des Glücks.

32 Seiten FARBIG				PDF-Schullizenz
	Buch	15 031	17,80 €	
	PDF	P15 031	14,49 €	58,- €

2 3 4

Tobias Vonderlehr

Grundwissen Ethik

Dieser wertvolle Begleiter ist auch für den fächerübergreifenden Unterricht geeignet. Themen wie z.B. das Bewusstsein für die eigene Person, für die Vielfältigkeit der Menschen und der sie umgebenden Natur, aber auch das Verhältnis Person und soziales Umfeld sowie die Beziehung des Menschen zur Natur und Umwelt führen die Schüler zu Wertvorstellungen und Überzeugungen nach ethischen Prinzipien.

2 3 4

48 S.				PDF-Schullizenz
	Buch	11 882	14,80 €	
	PDF	P11 882	11,99 €	48,- €

Eckhard Berger

Bedeutende Künstler der Kunstgeschichte ... anmalen & weitergestalten

Diese Reihe führt konzeptionell innovativ und genial einfach direkt in das Leben und in das Werk großer internationaler Künstler ein. Jeder Band lässt sich chronologisch durcharbeiten oder beliebig als Haupt-, Ergänzungs-, Vertiefungs- oder Nebenthema in den Kunstunterricht integrieren. Schüler erwerben begeistert Wissen, malen Bilder farbenprächtig an und gestalten sie ideenreich weiter.

Claude Monet	Buch	11 184	16,80 €	PDF	P11 184	13,49 €
Vincent van Gogh	Buch	11 185	16,80 €	PDF	P11 185	13,49 €
August Macke	Buch	11 186	16,80 €	PDF	P11 186	13,49 €
Henri Rousseau	Buch	11 306	16,80 €	PDF	P11 306	13,49 €
Gustav Klimt	Buch	11 527	16,80 €	PDF	P11 527	13,49 €
Paul Cézanne	Buch	11 528	16,80 €	PDF	P11 528	13,49 €
Der Blaue Reiter	Buch	11 307	16,80 €	PDF	P11 307	13,49 €
P. Modersohn-Becker	Buch	11 583	16,80 €	PDF	P11 583	13,49 €
Pieter Bruegel	Buch	11 584	16,80 €	PDF	P11 584	13,49 €
Franz Marc	Buch	11 610	16,80 €	PDF	P11 610	13,49 €
Paul Gauguin	Buch	11 724	16,80 €	PDF	P11 724	13,49 €
Albrecht Dürer	Buch	11 749	16,80 €	PDF	P11 749	13,49 €
Rembrandt	Buch	11 829	16,80 €	PDF	P11 829	13,49 €
Jan Vermeer	Buch	11 883	16,80 €	PDF	P11 883	13,49 €
Caspar D. Friedrich	Buch	11 939	16,80 €	PDF	P11 939	13,49 €
P.-A. Renoir	Buch	11 980	16,80 €	PDF	P11 980	13,49 €
Leonardo da Vinci	Buch	12 078	16,80 €	PDF	P12 078	13,49 €
H. de Toulouse-Lautrec	Buch	12 197	16,80 €	PDF	P12 197	13,49 €
Edgar Degas	Buch	12 206	16,80 €	PDF	P12 206	13,49 €
Peter Paul Rubens	Buch	12 229	16,80 €	PDF	P12 229	13,49 €
Georges Seurat	Buch	12 276	18,80 €	PDF	P12 276	14,99 €
NEU **Jean-Francois Millet**	Buch	12 359	18,80 €	PDF	P12 359	14,99 €
NEU **Gustave Courbet**	Buch	12 368	18,80 €	PDF	P12 368	14,99 €

PDF-Schullizenz (je Band) 54,- / 60,- €

je 32 Seiten **FARBIG**

1 2 3 4

Eckhard Berger

Kunstgeschichte für Kinder

NEU

Ein Lehrbuch mit allen relevanten Kunstepochen von der Höhlenmalerei bis zur modernen Kunst, berühmten Künstlern, Meisterwerken, kindgerechten Sachtexten, spannenden Basis- und Ergänzungsaufgaben und mehr, sorgt für erfolgreiche Unterrichtsarbeit. Alle Kinder nehmen optimal begeistert und hoch motiviert kunstgeschichtliche Inhalte auf und setzen sie unter Einsatz verschiedener Materialien kreativ gestalterisch um. Wertvolles Grundwissen und fantastische Praxisergebnisse entstehen.

64 Seiten FARBIG				PDF-Schullizenz
	Buch	12 284	24,80 €	
	PDF	P12 284	19,99 €	80,- €

2 3 4

Martin Völker & Birgit Brandenburg

Kreative Kunstwerkstätten

In den vielseitigen Kunstwerkstätten verfolgen die Kinder die Spuren berühmter Künstler in altersgerechten Texten und Aufgabenstellungen. Die künstlerische Handschrift können die Schüler handelnd nachvollziehen, wobei die Motivation zu eigenen Kunstwerken entsteht und sogar bei Kindern das Selbstvertrauen in die eigene künstlerische Leistung wächst, die bisher behaupteten, „keine Kunst zu können". Wie nebenbei lernen die Schüler noch mit jedem Künstler ein Stück Kunst- und Kulturgeschichte kennen.

Berühmte Maler entdecken und kennenlernen

3 4

							PDF-Schullizenz (je Band)
Leonardo da Vinci	Buch	10 864	15,80 €	PDF	P10 864	12,49 €	
Franz Marc	Buch	10 947	15,80 €	PDF	P10 947	12,49 €	
Henri Rousseau	Buch	11 038	15,80 €	PDF	P11 038	12,49 €	
Paul Klee	Buch	11 156	15,80 €	PDF	P11 156	12,49 €	
Pierre-Auguste Renoir	Buch	11 451	15,80 €	PDF	P11 451	12,49 €	50,- €
Michelangelo	Buch	12 150	17,80 €	PDF	P12 150	14,49 €	58,- €
Vassily Kandinsky	Buch	12 077	17,80 €	PDF	P12 077	14,49 €	58,- €

Eckhard Berger

Kunstwerke entdecken & anmalen

Der Band ist das lernstarke Mal- und Kunstbuch für alle kleinen Künstler, das unverzichtbar in der kunstpädagogischen Früherziehung ist. Es kann einerseits als Arbeitsbuch oder als Unterrichtswerk eingesetzt werden. Die Vorlagen sind auch zur häuslichen Förderung bestens geeignet. Kinder entdecken die berühmtesten Künstler und deren bedeutendste Meisterwerke, die sie nach vorgegebener oder nach eigener Farbwahl anmalen.

40 Seiten FARBIG				PDF-Schullizenz
	Buch	12 231	21,80 €	
	PDF	P12 231	17,49 €	64,- €

1 2 3 4

Eckhard Berger

Kunstwerke für Schulen

Bilder • Informationen • Analysen • Aufgaben

Eine Präsentation, Gegenüberstellung und Aufgabensammlung der Arbeiten von berühmten internationalen Künstlern aus der Moderne bis Heute. Die große inhaltliche Vielfalt wird mit fantastischen Fotos, verständlichen Analysen, kompakten Informationen schülergerecht betrachtet, erschlossen und verstanden.

BF · 1 2 3 4

Band 1	Buch	**11 045**	**18,95 €**	PDF	P11 045	**14,99 €**
Band 2	Buch	**11 046**	**18,95 €**	PDF	P11 046	**14,99 €**
Band 3	Buch	**11 047**	**18,95 €**	PDF	P11 047	**14,99 €**

je 48 Seiten, ***FARBIG*** · PDF-Schullizenz (je Band) 60,- €

Barbara & Eckhard Berger

Anmalen & Weitergestalten

NEU

... für kleine Künstler

Das Basislehrwerk ist für den modernen qualifizierten und qualifizierenden Kunstunterricht zur optimalen Kompetenzförderung Wahrnehmen, Malen, Zeichnen, Weitergestalten und Umgestalten konzipiert. Neben vielfältigen kreativen Kunstaufgaben mit reizstarken Ausgangsfotos sorgen zusätzliche exklusive Extras für einen nachhaltigen Erfolg: originelle Kunstplus-aufgaben, fantastische Themen unterstützende Kurzgeschichten und ein Niveaunavigator.

56 Seiten FARBIG				PDF-Schullizenz
	Buch	12 275	23,80 €	
	PDF	P12 275	18,99 €	76,- €

1 2 3 4

Eckhard Berger

Kunst in drei Niveaustufen

Kreativität fördern & fordern

Ihre unterschiedlich ausgeprägten kreativen Fähig- und Fertigkeiten können Grundschulkinder mit Hilfe dieses Bandes in niveaudifferenzierten Aufgaben einbringen. Hierbei wurde darauf geachtet, dass am gleichen Thema Arbeitsaufträge mit unterschiedlichem Niveau bearbeitet werden. Ansprechende Themen mit unterschiedlichem Zeitaufwand bieten verschiedene und dennoch vielfältige Ergebnisse!

INK

1 2 3 4

48 Seiten **FARBIG**

			PDF-Schullizenz
Buch	11 981	19,80 €	
PDF	P11 981	15,99 €	64,- €

Eckhard Berger

Kompetenzförderung

Band 1: **Rätseln, zeichnen, anmalen**
Band 2: **Geschichten lesen, zeichnen, anmalen**
Band 3: **Wahrnehmen, sich konzentrieren, zeichnen und anmalen**

Effektives und nachhaltiges Kompetenzmaterial für den modernen Kunstunterricht. Es geht gezielt auf das Grundpotential und den Erlebnis- und Fantasiebereich der Kinder mit wunderschönen packenden Arbeitsblättern und Geschichten ein. Die Schüler erwerben durch ganz unterschiedliche Tätigkeiten kreative und soziale Kompetenzen. ***Ein optimaler und fortschrittlicher Beitrag zur Persönlichkeitsentwicklung und Lebensqualität!***

je 56 Seiten, **FARBIG**

						PDF-Schullizenz (je Band)
Band 1	Buch	12 232	23,80 €	PDF	P12 232	18,99 €
Band 2	Buch	12 285	23,80 €	PDF	P12 285	18,99 €
Band 3	Buch	12 358	23,80 €	PDF	P12 358	18,99 €

76,- €

FÖ

Eckhard Berger

Freies Kreativzeichnen

Die COOLsten Übungen für Ihren Unterricht

Kreativ & frei zeichnen schafft Freiraum und neue Ideen im Kopf. Das Konzept fördert die Zeichen- und Kreativitätskompetenz. Die Erfolge der Schülerinnen und Schüler motivieren zu neuen Aufgaben. Die Kunstströmungen der aktuellen Kunstszene sind in sehr ansprechenden und originellen Aufgaben integriert. Auf verschiedenen Niveaustufen wird moderner Kunstunterricht umgesetzt, der tatsächlich cool ist und echten Spaß macht.

1 2 3 4

56 Seiten **FARBIG**

			PDF-Schullizenz
Buch	12 207	23,80 €	
PDF	P12 207	18,99 €	76,- €

Eckhard Berger

Zeichnen können Schritt-für-Schritt-Anleitungen

Zeichnen nach einer ***2- bis 4-stufigen Schritt-für-Schritt-Anleitung oder Gitterstrukturanleitung****. Das macht den Schülern Spaß und motiviert zu mehr!*

36/44/52 Seiten, **FARBIG**

					Schullizenz (je Band)
1	Spielsachen, Technik ...	Buch	11 372	16,80 €	
		PDF	P11 372	13,49 €	54,- €
2	Häuser, Verkehr, Menschen	Buch	11 585	18,80 €	
		PDF	P11 585	14,99 €	60,- €
3	Tiere, Bäume, Blumen	Buch	11 586	17,80 €	
		PDF	P11 586	14,49 €	58,- €
4	Gegenstände, Hobbys, Sport	Buch	12 149	18,80 €	
		PDF	P12 149	14,99 €	60,- €

FÖ

1 2 3 4

Eckhard Berger

Kunst fachfremd unterrichten

Eine effektive Unterstützung für Ihren Unterrichtseinstieg. Praktische und direkt einsetzbare Ideen sind auf die Ziele des Bildungsauftrags genau zugeschnitten. Dabei wird besonders auf die Organisation und den Aufbau des Kunstunterrichts eingegangen, es werden jeweils wichtige Hilfestellungen und Tipps gegeben.

1 2 3 4

80 Seiten **FARBIG**

			PDF-Schullizenz
Buch	11 168	24,80 €	
PDF	P11 168	19,99 €	80,- €

Eckhard Berger

Entspannungsmalen

Zuviel Anspannung kann zu psychischen und physischen Schäden führen. Dagegen helfen Entspannungsmöglichkeiten mit Aufgaben unterschiedlicher Niveaustufen und Bearbeitungszeiten. So entsteht ein gewünschtes meditatives Klima.

1 2 3 4

80 Seiten **FARBIG**

			PDF-Schullizenz
Buch	11 940	24,80 €	
PDF	P11 940	19,99 €	80,- €

Eckhard Berger

Kunst in Kürze Spannende Kurz- & Kleinprojekte

Ein lernkompetentes Angebot mit einer besonderen Auswahl an Kurzaufgaben und Kleinprojekten aus den relevanten Kunstbereichen für alle Schüler, die „ganz schnell" fertig sind oder eine gezielte Förderung oder Vertiefung benötigen. Langeweile und kreativer Leerlauf entstehen nicht mehr. Jede Aufgabe ist mit einer Zeitorientierung ausgestattet.

1 2 3 4

48 Seiten **FARBIG**

			PDF-Schullizenz
Buch	11 526	18,80 €	
PDF	P11 526	14,99 €	60,- €

Gary M. Forester

Formen & Farben So kann man Kunst begreifen!

Farbkarten zum Ausschneiden und Legen in diversen Formen, die z.B. für das Nachlegen des Farbkreises nach Itten, Hell-Dunkel-Abstufungen, Komplementärfarben oder zur Wahrnehmungsförderung genutzt werden können. Die farbigen Blattsammlungen sind ideal für jedes Klassenzimmer!

1 2 3 4

48 Seiten **FARBIG**

			PDF-Schullizenz
Buch	15 002	19,80 €	
PDF	P15 002	15,99 €	64,- €

FÖ

Wolfgang Wertenbroch

Kunst nach Rezept Ideen & Aufgaben für alle!

Hier geht es darum, ein Format, ein Blatt mit Formen/Farben so zu gestalten, dass es ästhetisch befriedigend wirkt. Das gelingt den Schülern garantiert, wenn sie einfach der Reihe nach die Arbeitsblätter rezeptartig bearbeiten. Damit ist „Kunst" nicht mehr den dafür besonders Begabten vorbehalten - alle Schüler sind jetzt garantiert erfolgreich!

1 2 3 4

56 Seiten

			PDF-Schullizenz
Buch	11 415	16,80 €	
PDF	P11 415	13,49 €	54,- €

Eckhard Berger

Bunte Farbe Farbwissen Grundschule

Das Schülerarbeitsbuch bietet das gesamte Farbwissen an. Schüler lernen u.a. die Bedeutung von Farbe, den Umgang, Begrifflichkeiten, Beziehungen, Wirkungen kennen und malen, collagieren, basteln, drucken, verbalisieren ...

64 Seiten **FARBIG**

			PDF-Schullizenz
Buch	11 083	22,80 €	
PDF	P11 083	18,49 €	74,- €

Katharina Hofer

Gestalten statt wegwerfen

Objekte aus Recyclingmaterial

Kann ein wertloser, gebrauchter Gegenstand in einer neuen Funktion wieder an Wert gewinnen? Die Schüler werden zu einem experimentellen, spielerischen Umgang mit den Werkstoffen durch einfache Beschreibungen und exakte Illustrationen angeleitet.

1 2 3 4

104 Seiten

Buch	11 481	22,80 €

Wolfgang Wertenbroch

Farbwirkung in der Werbung

Die Beeinflussung durch Werbung findet durch Sprache und durch Farbe statt. Diese werden von uns wahrgenommen und lösen Gefühle und Empfindungen aus. Hier werden die Schüler für die Wirkung der Farben in der Werbung sensibilisiert.

40 Seiten

			PDF-Schullizenz
Buch	11 480	14,80 €	
PDF	P11 480	11,99 €	48,- €

Martin Völker

Das Kunstatelier Basteln • Gestalten • Malen

In diesem Band werden unter anderem Dosen, Kartons und Korken, Pappmaschee und Salzmehlteig, alte T-Shirts und Kappen eingesetzt und aus alten ausgedienten Materialien neue beeindruckende Werke geschaffen. Auch für Bilder, Transparente und Collagen gibt es abwechslungsreiche Anregungen. Damit gestalten Sie einen überaus kreativen Kunstunterricht!

1 2 3 4

48 Seiten

			PDF-Schullizenz
Buch	11 450	14,80 €	
PDF	P11 450	11,99 €	48,- €

Birgit Brandenburg

Kurze Kunstraubkrimis ... von Mona Lisa bis Warhol

Mit den ansprechenden Kurzprojekten lernen die Schüler Kunstwerke bestimmter Künstler und Stilrichtungen zuzuordnen, Kurzbiographien und Eigenarten kennen. Ein spannendes, fächerübergreifendes Thema.

48 Seiten

			PDF-Schullizenz
Buch	11 640	14,80 €	
PDF	P11 640	11,99 €	48,- €